JN224330

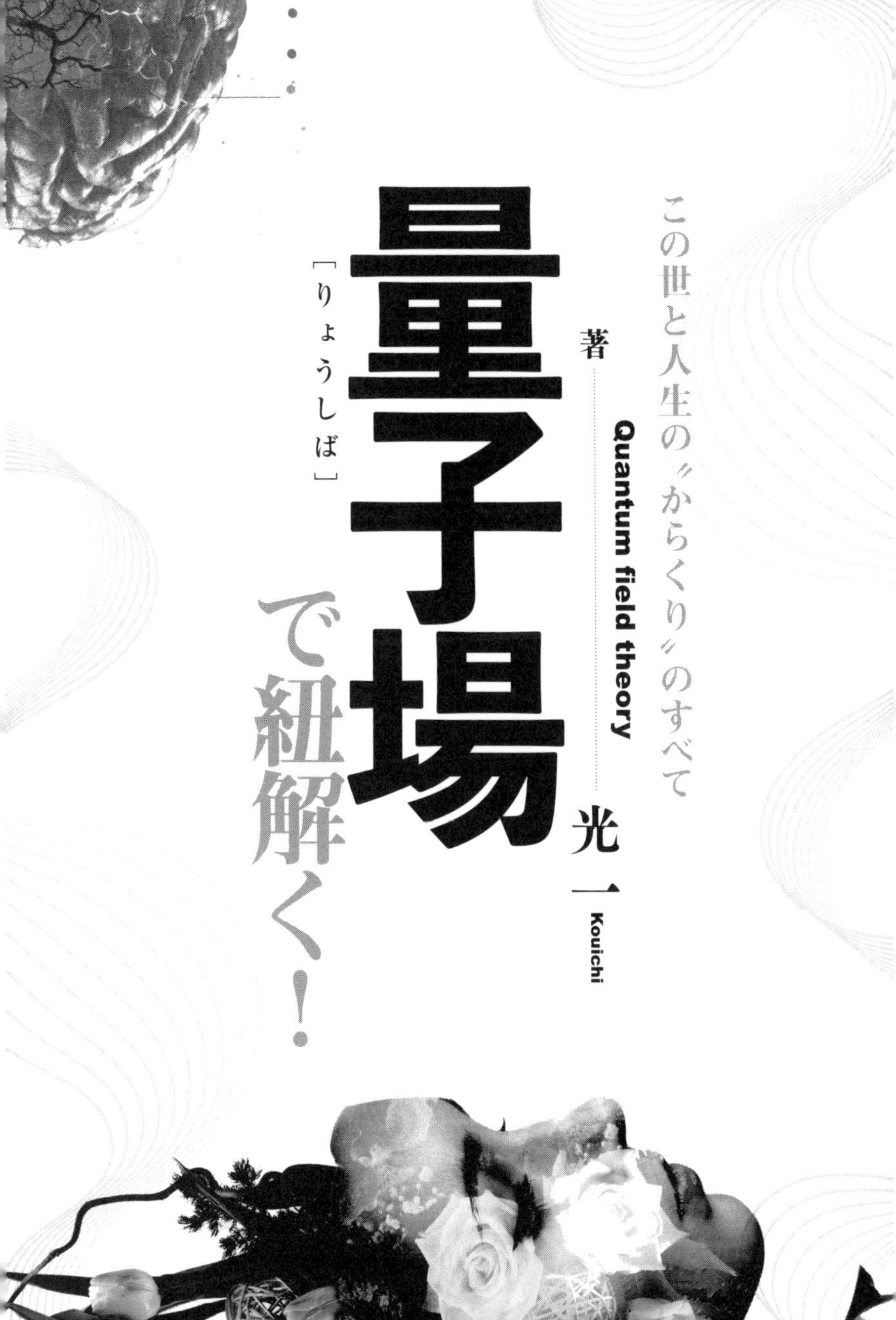

この世と人生の〃からくり〃のすべて

量子場［りょうしば］で紐解く！

Quantum field theory

光一 著
Kouichi

はじめに

より良い人生を歩んでいただきたいという思いで、私はこれまでいろんな考え方をお伝えしてきました。今回は、その中でも特により良い人生の秘訣(ひけつ)についてお話ししたいと思います。

私は、より良い人生を送るための潜在意識を整えるセルフ編集テクニックを各方面でお伝えしているのですが、その効果には個人差があります。

そのことについて、私のセミナーにいらっしゃる受講生の方から「なぜ差が生まれるのでしょうか」とよく質問されます。

実は、すぐに効果があらわれる人には〝ある共通したポイント〟があるのです。このポイントと先ほどの秘訣は大きく関係しています。今回は、そうしたことについてもお話ししたいと思います。

多くの方は、私のテクニックに注目されます。テクニックには現実を変容させる力があるので、それも大事なことではありますが、実は、本質はもう少し別のところにあります。

別の言い方をすれば、いくらテクニックを正確に使っても、ベースとなる部分がしっかりしていなければ、その効果は半減することもあります。ですので、あえて今回は特にテクニックに関してお話しするつもりはありません。

むしろそれ以上に重要なお話をさせていただきます。この考え方をしっかりとマスターすれば、テクニックがより効果的に発揮されます。

そのためには、「人生の中での経験というものがなぜ起こっているのか」についての理解が必要です。私たちは、身体があるからこの人生を体験、認識しているわけです。

そして、その人生は、ある〝からくり〟によって起こっています。本書の前編では、まずこの〝からくり〟についての理解から始めたいと思います。

さらに本書の後編では、この人生のからくりを理解し、実践につなげている3名の方をピックアップしてインタビューしています。

全員が、私の主宰している『エンライトアンバサダーアカデミー®』で日々、自分を整え、研鑽(けんさん)している方々です。

本書を読み終えた頃には、スピリチュアルや自己啓発で声高に言われる「思考は現実化する」や「すべては正しい」などの言葉の本当の意味が理解できるはずです。実は、これらは、すべて人生のからくりについて、それぞれ別の言い表し方をした言葉に過ぎません。

では、これから、あなたの人生の中での経験がなぜ起こっているのか、そのからくりを紐解いていきましょう。

そして、このからくりを知ることで、昨日よりもより良い人生を生きていける人が一人でも多く生まれることを切に願っています。

目次

前編

第1章　すべては量子場がカギだった!!　この世のからくりを完全解説

第2章　なぜ身体と空間と潜在意識はつながっているのか？ ワンライトメソッド誕生秘話

第3章
賢人たちは、この世のからくりに昔から気づいていた?!
様々な学説や理論に見る量子場の世界

後編

実践者に聞く！結果を変えるための見えない世界の活用法

実践者との対談①　光一×島倉秀也

実践者との対談② 光一×塩谷哲也

実践者との対談③ 光一×山本征一

カバーデザイン　森瑞
本文仮名書体　文麗仮名（キャップス）

第1章

すべては量子場がカギだった‼ この世のからくりを完全解説

前編

人生はどのように起こっているか、私たちはどのように体験しているか

人生の中で経験はどのように起こっているか——、そのことを考える場合、私たちの身体と空間にフォーカスすることがひとつのヒントになります。

ここで、経験というものを空間と身体という側面から考えてみましょう。

私たちは自分の身体を通して空間を感じ、その空間の中で起こる出来事をまた身体を通して体験します。そして、その体験が蓄積され、経験として人生に刻まれます。

このときポイントとなることがあります。それは、「空間と身体は潜在意識とつながっている」ということです。

このことを理解すると、どこを変えれば人生が変わっていくか理解できます。

ちなみにここで、「そもそも『私』とは何でしょうか?」。そんな疑問を持つ人がいるかもしれません。

人には、必ずどこかにエネルギーの源があります。その源があるから、私を認識

し、身体があって、人生を体験して、経験として認識できるわけです。

様々なエネルギーパターンを通って「私」ができる

エネルギーの源とも言えるオリジナルのエネルギーに近い部分は、絶対的な世界なので、私たちは認識することができません。

その絶対の世界の少し外側に、例えば、「我ここにあり」というエネルギーパターンが生じたとします。まさに「はじめに言葉ありき」です。

「我」と言ったときに、我が生まれます。そしてこのとき同時に我以外のものも生まれるわけです。

そうやって様々なエネルギーパターンを認識、体験していって、どんどん具体化され、「私」ができ上がっていきます。

ちなみにエネルギーパターンとは、一種の「意味づけ」のようなものです。そして、この意味づけは、抽象的なレベルからどんどん具体的なレベルに変化していく特徴があります。

抽象的なレベルで言うと、「私は地球人である」という意味づけがあります。でも、ここで地球人であるという意味づけがあるとすれば、同時に地球人以外という意味づけもあるわけです。

そうやってどんどん意味づけされて、いわゆる相対、陰と陽、我がいれば我じゃないものもいる。つまり、私は私ではない存在を通して、私という個を認識しているわけです。

人類もいれば人類じゃないものもいる。そうやって相対で、認識↓体験↓経験し、私という存在を具体化していくのです。

具体化するということは、個性を持つということ

どんどん具体化していくと、今度は男性とか女性という意味づけが出てきます。自分が男性であるなら、女性という存在もいるということは相対的にわかります。

もっと具体化が進んでいくと、身長とか、顔形とか、何月何日何時何分にどこで生まれたとか、名前がつけられると、もっと具体化していきます。

双子が、同じ日に生まれて顔は似ているけれども、成長していくうちにどんどん性格が違ってくるとか、同じ運命を歩まなくなると、よく言われます。

具体化するということはそれぞれが個性を持つことなので、そこには別々の名前があったり、生まれた時間にズレがあったり、微妙に性格の違いが出てきたりします。

ある意味、それは別のエネルギーパターンを通った結果とも言えます。だからこそ、双子とはいえ違う個性が出てきて当然なのです。

そして具体化していく極致はこの身体であって、そこに生じた個性なのです。

運命もエネルギーパターン。そして変えることができる

運命も、ある面で、エネルギーパターンと言えます。ただし、「運命は変えることができる」というのが私の考え方です。

先ほど人生の体験の蓄積が経験だとお話ししました。これを別の角度で見ると、「経験＝運命」と言い換えることができます。

つまり、人生の経験というのは、その人の個性のエネルギーパターンのあらわれなのです。

そして、このエネルギーパターンは変えることができます。だから運命は変えられる。つまり、人生も変えることができるのです。

人生の〝からくり〟とは、まさにこのことです。エネルギーパターンを変容させれば、体験や、その蓄積である経験＝運命も変わるということです。

だから、自分のエネルギーパターンを変えていく。では、エネルギーパターンのどこを変えればいいのでしょうか。

変えるところは、実は〝見えないところ〟です。人生はすべて見えない部分が土台です。

人生の経験は結果です。原因と結果の世界では、結果を変えようとすると、すごく労力がいります。だから、原因を変えたほうが早いし、スムーズにいくのです。

見えないところを変える。これが人生の〝からくり〟

では、見えないところとはどこでしょうか。

それは、「潜在意識」です。先ほど私は、原因と結果の世界では、結果を変えようとするのが難しいとお話しししました。

なぜかというと、それは、「世界は確定されたものであり、確定されたものは変容させることが厳しい」とずっと言われ続けているからです。

そのことが長い間、言われ続けていればいるほど、私たちの潜在意識の領域で、ひとつのエネルギーパターンとなり、影響力を持つようになります。

結果、私たちはそれを信じて疑わなくなる。ある意味、そこにとらわれてしまうのです。

ですから、このエネルギーパターンに逆らわずに、原因である見えない部分を変えていきます。潜在意識の領域を変えていくことで人生の経験が変わっていくのです。

これが私の考える人生の〝からくり〟の正体です。

〝からくり〟が解けると、日常で不思議なことが起こる

これを具体的に日常でどうするかというと、次のようになります。まず、いろんなことが現実世界で起こっても、それは結果だから、それを受け入れます。

そして見えない世界、つまり潜在意識のフィールドを変容させていくことで、その先の結果を変えていくのです。

そうしたことがわかってくると、日常で、非常に不思議なことが起こってきます。例えば、現実は変えられないとか、自分の性格は変えられないとか、運命は変えられないとか、こうした顕在意識の領域で無意識に思い込んでいることも変容してくるのです。

ある意味、それが成長していくこととも言えます。いわゆる、とらわれを超えていくのです。

エネルギーパターンを超えた禅僧の話

禅の高僧にまつわるこんな話があります。修行中の身だったある高僧が、ある日、川を渡れないで難儀している女性と出くわしました。

そこで女性をおんぶして川を渡してあげた。すると、修行僧の仲間たちが「おまえは禁を破った」と責め寄ります。

修行中ですから、余計なことをすることは当然、ご法度です。しかし、その修行僧は「それは何の話だ。そんなことがあったのか」と言ったそうです。

いわゆる、とらわれを超えているわけです。高僧は、女性が困っているから川を渡る手伝いをしただけです。その瞬間、「修行とはこうあるべき」というとらわれから、もう抜けているのです。

でも、とらわれの中にいる他の修行僧たちは、「おまえは女性をおぶっていたじゃないか」と責めます。そんな話です。

人はある面、無意識の中のエネルギーパターンにずっと、とらわれ続けている可能性があります。

そしてそのエネルギーパターンを超えていくことで、あるとらわれから抜けていけます。

人生は、上り坂、下り坂、そして「ま坂」（まさかの坂）があると言われます。まさにそういうところで、思ってもみない、より良い人生があらわれることは往々にしてあるのです。

それは、自分の潜在意識、つまり、見えない世界を変えていくことで起こります。

ヒーリングなしで、重い病が消失した⁉

この〝からくり〟に気がついている方が、最近は多いのではないかと思います。

私が主宰している『エンライトアンバサダーアカデミー®』のメンバーたちも、見えない世界を変えることで奇跡的なことをたくさん起こしています。

最近の話ですが、ヒーラーでもあるアカデミーの女性メンバーの親戚の方が重い病になりました。

彼女はヒーラーなので、その親戚の方をヒーリングすることもできますが、その方はヒーリングなどを怪しんで受けてくれない人でした。

そのとき彼女は、「それを経験したのは誰か？」というアカデミーの考え方を思い出しました。

そこで彼女は、親戚の方にヒーリングを施す前に自分自身を整えました。

親戚の方が重い病になって大変だとか、不安だとか、大丈夫かなとか、自分が思い描くそういうネガティブなエネルギーを解放してやったわけです。

そうしたら、結果として、ヒーリングなしで、親戚の方の重い病が消えたのだそうです。

また、別のメンバーのお兄さんが末期の重い病になりました。そのお兄さんという方もヒーリングなどの代替療法が大嫌いで、そうした話を聞くだけで怒り出すような人。

なので、そのメンバーも徹底して自分自身を整えました。すると、それだけでお兄さんの重い病が消えたそうです。見えない世界を整えたことで変わったわけです。

「それを体験しているのは誰か?」という言葉

こうしたケースが生じたとき、多くの人はまず相手に何らかの作用をさせようとするものです。

重い病になった相手に良い医者を紹介しようとしたり、良い薬を与えようとしたりと、相手に対して何かを行うことで結果を変えようとします。

しかし、多くの場合、このようなやり方ではなかなか結果が伴わないことが多いのです。

なぜなら、重い病である相手を見てネガティブな感情を抱いているのは、自分だからです。であれば、相手にアプローチする前に、まずは自分のネガティブな感情を解放してあげる。それが先決です。

しかも私たちには見えない世界があって、私たちは見えない世界のあらわれを体験しているわけです。

だから、見えない世界にあるネガティブなエネルギーを真っ先に解放する。これによって、結果がダイナミックに変わるのです。

周辺にそういうことが起こったとき、「それを体験しているのは誰か？」という言葉を思い出してください。

そしてその言葉のもとに、自分自身を整えていくのです。アカデミーの受講生たちは、徹底してそういう考えを持つようにしています。

自分が変わると、周りが変わり、世界が変わる

アカデミーのメンバーは潜在意識に介入できる能力をつけており、より自分の中に入っていく力がありますので、自分を整えることはもちろん誰でもやれます。

テクニックに関しては、私の著書に書いてありますので、それを活用していくだけでも効果は出てくると思います。

世界を変えようとか、人を変えようとか、これも自分の中の無意識のエネルギーパターンです。

「外を変えなければ自分は変わらない」と無意識に思っているわけです。しかも、潜在意識のかなり深くでそういう思い込みがある。

でも、本当は自分が変わると、周りが変わり、世界が変わるのです。

今は時代がすごく大きく動いていますから、不安を覚える方々がたくさんいると思います。

そういうところを自分でどんどん変えていくと、自分の中のネガティブなエネルギーが出てきます。

でも、それを抑えないで解放していくことで、新しい人生にシフトする可能性が出てきます。

ネガティブを解放し、ポジティブを仕込む

ネガティブなエネルギーを解放する際、そこでもうひとつ必要なのは、同時にポジティブなエネルギーを仕込んでおくことです。これは非常に重要です。

無意識の世界ではすべてが自分です。だから、自分はより良い人生を歩めるとか、より成長していけるとか、その価値が自分にあるとか、いわゆるセルフイメージをずっと上げていく仕込みをする必要があります。ただ解放するだけではなくて仕込みもします。

人生をより良くするためには、ネガティブなエネルギーをデトックスしていきます。そのためには気づく必要があります。気づいたら、隠さないで解放します。

そして、自分はより良い人生を歩む価値があるとか、自分は幸せになる価値があるとか、自分は幸せであるとか、自分は幸せというものは何かを知っていると思うのです。

ちなみにその人の幸せは、その人しかわかりません。でも、世の中には、「これが幸せだ」と世間が言う幸せを実現できないと不幸せだ、というプロパガンダにあふれています。

それは偽りの幸せかもしれないのに、それを得るために消費する。あるいは、ネガティブなことを使って人を動かしていく。こういうことが昔からあります。

ネガティブと思っているのは誰か。そこに気がついて、解放し、自分はより成長していけるというふうに仕込んでいくと、それは必ずあらわれてきます。

なぜなら、人生の体験の土台は潜在意識フィールドにあるからです。

そうするとシフトして、自分が変わって世界が変わるという体験をしていきます。

ボックスの中のとらわれから出るとシフトする

ネガティブな感情は次から次に出てくると思います。ただ、人は成長していく存在なので、次元が違ってくるのです。

人は見えないボックスの中にいると私はよく言うのですが、上昇すると、ボックスが広がります。広がると、人生の可能性がどんどん広がっていきます。

そして、かつて感じていたネガティブな状況に巻き込まれなくなる。つまり、そこを超える力が出てくるのです。

これはある面、とらわれを超えるとも言えます。以前だったら、人に何か言われるとものすごく傷ついたのに、同じことを言われてもあまり気にならない。

それがボックスを超えるということです。

そうすると、生きるのが楽になってきます。

現に、ヒカルランドさん主催で開催いただいていた『陰陽スクール』や、私が主宰する『エンライトアンバサダーアカデミー®』にいらした方は、生きるのが楽になったと言ってくださいます。

「良いことしか起こらない」という甘い言葉に注意

人生は相対の世界ですから、良いこと、悪いこと、いろんなことが起こります。

ここで良いことしか起こらないというメッセージは、ちょっと危険です。

なぜなら、良いことしかない絶対的な世界を、本来、私たちは認識できないからです。

確かに良いことだけの世界とは聞き心地の良い言葉ですが、本来、認識できない世界を認識できたかのように声高に言うメッセージには要注意です。

こんなふうに、良いことばかりになるわけじゃないよと私が言うと、「納得できない」とよく言われます。

でも、すべてが良いという絶対的な世界は私たちには認識できないのです。

また、人からどんどんよくなるよと言われると、「エーッ、それ受けたい」と、みんな思うけれども、受けてうまくいかないと、「私はダメなのか」と、自分を責めてしまいます。

また深い意味では、そのときはネガティブであっても、成長していくと、あるときプラスに変わっていくのではないでしょうか。

重要なのは、何かをしっかり見極めること

イメージ力で、すごく細かく見える人がいます。私はリーディングもしますが、

そんなに詳しく見えるわけではありません。

昔、トレーニングをいっぱいしていたとき、見える人たちに出会うと、自分はダメなのかな、だからうまくいかないのかなと、よく思っていました。

でも、「自分はそんなに見えないんだ」というところを認めることで成長するのです。

私はそんなにはっきり見えないけれども、リーディングのヒット率は１００％近いと言われています。

重要なのは、見えることなのか、ヒットすることなのか。見えても、ヒット率が低い人もいます。これも、目的は何かということです。

あるマラソン指導者が犯した過ち

見えない世界を整えて、天気を変えた人がいます。この人はマラソンの指導者でした。

台風が関東直撃という予報だったので、マラソン大会が中止になるとまずいから、台風が来ないように「なほひかへ」（テクニックに関してはＰ98）をやったそうです。

そうしたら、台風の進路がずれて関東直撃がなくなった。でも、コロナ禍でマラソン大会は中止になってしまいました。

このとき、彼は気づきました。本当の目的は何だったのか。

みんなが楽しみにしていたマラソン大会ができないと残念だ、という部分にアプローチすればよかったんだという気づきになったのです。

それなのに天気を変えることに注力してしまったわけです。

世の中が楽しむことを受け入れ始めた

それから、ちょっと前からスポーツの世界でも、必ず勝つというやり方ではなくなってきたように感じます。

「エンジョイベースボール」とか、みんなで楽しんでやろうという考え方がかなり出てきています。

昔のスポ根のように、「死ぬまで頑張れ！」というやり方ではなくなってきています。

もちろん、筋肉は負荷をかけて育てますし、人生でつらい経験をすることで心が強くなるという考えはあります。

しかし、エネルギーは楽しむほうがめぐるのです。人生はめぐりです。エネルギーを動かしていくためには楽しむことです。

世の中が無意識のうちに、そういうことがわかってきたのではないでしょうか。

ネガティブを受け入れ、整える

そうは言いつつも、自分の潜在意識の領域で、そんなことはダメだ、苦労しないと人生はうまくいかないとか、自分は価値がないのでそんなに楽な人生を過ごしてはいけないとか、いろんな思い込みがあるのです。

だからこそ、私たちはそのネガティブなエネルギーを受け入れ、整えていく必要があるのです。

とにかく、私たちはそうしたとらわれから抜けていくことで、自分のボックスを広げていくのです。それにより、人生が楽になり、楽しくなってきます。

顕在意識が10%、潜在意識は90%

ここで、もう一度、潜在意識の話をしましょう。一般に、意識には、顕在意識と潜在意識があり、その割合は、顕在意識が10%以内で、残りの90%以上が潜在意識と言われます。

この関係は、よく氷山で例えられます。氷山が海に浮かんでいます。見えている部分は少しで、見えていない部分のほうが大きいのです。

そして見えている部分が顕在意識で、見えていない部分は無意識とか潜在意識と

顕在意識と潜在意識の関係

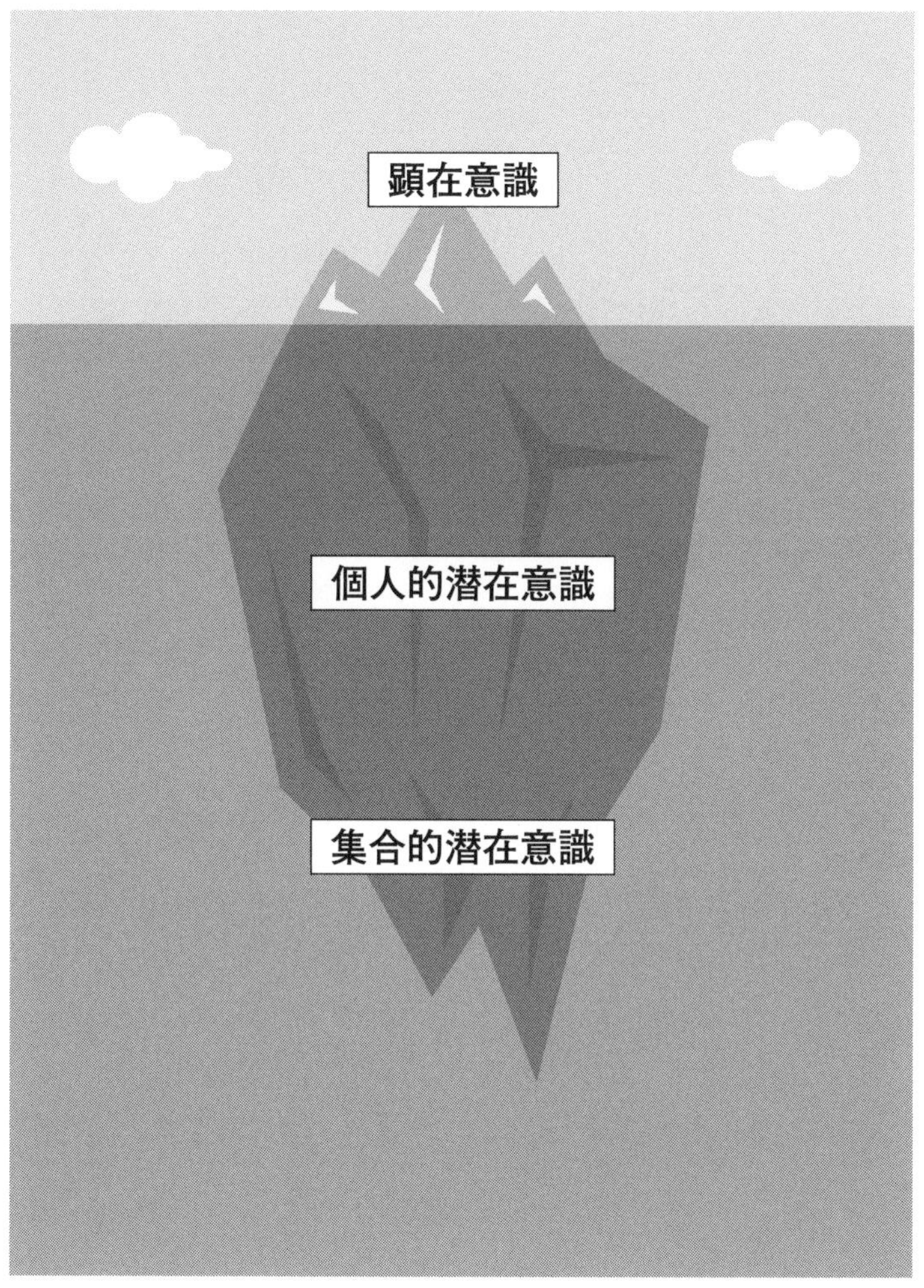

説明されます。

エネルギーの大きさでは、見えている部分は10％以内、見えていない部分は90％以上だと、心理学ではよく言われます。

ちなみに潜在意識は、その深さによって名称が異なります。潜在意識でも比較的浅い領域は、「個人的無意識」と呼ばれます。

ここには、個人の個性を決定づけるエネルギーパターンが存在します。

集合的無意識とは、共同幻想のようなもの

そこからさらに深い部分に行くと、「集合的潜在意識（無意識）」のフィールドがあります。絵で言うと、海の部分が該当します。

ここには個人よりも広い範囲の人たちが信じる信念体系のようなものがあります。

例えば、地球人だったら、「地球人とはこういうもの」というエネルギーパターンのフィールドがあり、地球人である我々は必ずそこを通っています。

さらに海の深い部分に当たる集合的無意識の深い領域では、誰もが共有するエネルギーパターンがあります。

時間というエネルギーパターンもそうです。時間という土台があるから、私たちは共同幻想を生きられるのです。

本当は一人ひとりがその人の世界を生きているのですが、共同幻想という世界は、そういう約束事のようなエネルギーパターンをみんなが通っているから、お互いに同じことを認識・体験しているように思えるのです。

絶対領域と、肉体がある相対の世界

顕在意識の領域は肉体領域でもあります。肉体は人によって違いますよね。まさに個性です。ちなみにこの経験のエネルギーは、どこから来ているのでしょうか。

それは、先ほどお話しした認識・体験できない絶対領域から来ています。源はそういうものだと仮定しているわけです。

仏教ではこれを「空（くう）」と言い、仙道では「道（タオ）」と言います。あるいは、インドのベーダでは「純粋意識」と言ったりします。

意味づけされると世界が始まります。先述したように我という概念が出たら、我と意味づけされる。

すると、我じゃないものが生まれます。ここからは相対の世界に入ります。相対の世界は、まず抽象的な概念から始まります。

例えば、「ア」という音でもいいです。「阿（ア）」で生まれて、「吽（ウン）」で終わります。相対の世界に行くと、生まれたら死ぬ。仏教の言葉で言うと、「生死一如」です。

集合的無意識は深く、多層的、かつ多元的

世の中の賢人たちは、この世界は相対であり、源の世界は絶対領域であって認識できないことを知っていたのです。

先ほど解説した集合的無意識である海の世界はものすごく深いし、多層的であり、

多元的です。

アカシックレコードもここにあります。アカシックレコードとは、地球の歴史が入っていると言われる、一種のエネルギーパターンと解釈できます。

ちなみに認識されているけれども、抽象度は高いです。そこを通っていきます。

そこからどんどん具体性が高い世界に行くわけです。

例えば、私たちは地球人というエネルギーパターンを通って、この世界を体験しています。一方で「私は地球人ではなくてプレアデス人だ」と言う人がいます。

もちろんこれも間違っていません。そういう人はプレアデス人のエネルギーパターンも通っているのです。

抽象的なエネルギーパターンを仕込む必要がある

集合的無意識でも、もう少し具体性の高いところには、男性、女性というエネルギーパターンがあり、そこでまた分かれていく。

さらにもっと具体的なところでは、日本で生まれて、東京で育つというエネルギーパターンがあり、もっともっと具体的なところに名前がある。

前の項で、具体性＝個性と言ったのはそういうことです。

個人の人生で抽象度が高いのは、「私は幸せな人生を送ります」とか、「私は自分を許しています」というようなことです。

例えば「3日前に犬をいじめた私を私は許しました」と言うのは具体性が高くなります。「2日前に食事をしていたときに、俺をにらんだやつをぶっ飛ばしてやろうかと思ったけど、何とかやめました」と言うと、もっと具体性が高くなります。

エネルギーが上がってきて、体験が起こります。だから、ここが土台だと私は言ったのです。エネルギーは抽象的なところから上がってくる。

だから、「私は幸せです」という抽象的なエネルギーパターンを潜在意識下で設定していないと、いくら「私は高級外車を持っていて幸せです」と言っても、本質的なエネルギーは届きません。だから、結果として「幸せ」は起こらない。

よく莫大な富を手にした富豪が自分の人生を振り返ったとき、「必ずしも幸せとは言えなかった」という結論を出すのはまさにこのことです。

夢が叶う。その背景には必ずエネルギーがある

願望実現とか人生の体験というのは、背後に必ずエネルギーがあるのです。だから、潜在意識にイメージングで高級外車に乗って幸せを気取って一生懸命になっても幸せは体験しない。

つまり、「本質は何なのか」を考えることです。例えば、なぜ高級外車を持ちたいと思うのか。それを持ったら自分が偉い人間だと思ってもらえるからなのか。

もっと深めていくと、「自分には自己価値がない」と思っている可能性すらあるのです。だからある意味、高級外車という一見価値のありそうなものに頼っているわけです。

別の見方をすれば、それは「自己価値を高めたい」と思っていることの裏返しなのかもしれません。

すると、抽象度が上がってくるので、自己価値を高めたいというところにアプロ

ーチすればいいのです。

この世界は結果ですから、自己価値が上がったら、その結果として高級外車があらわれることもあるということです。

上は下なり、下は上なり

目標や願いがあったら、その本質は何なのか、抽象度をどんどん上げていくことで、自分の人生がより成長しやすくなります。

顕在意識に近い抽象度の浅い部分で、これを持てば幸せだというのは、ちょっと短絡的過ぎます。浅いと、その奥にある本質的なエネルギーが届かないことが多々あるのです。

先ほど、顕在意識は海に浮かんでいる氷山で、エネルギーは下から上がってくるという話をしました。

これはあくまで例え話です。なので、「上は下なり、下は上なり」という言葉がありますから、上から来ると言い換えてもいいのです。

エネルギーが降りてきたと言います。エネルギーは下から来るんじゃないのと言ったら、上は下なり、下は上なりで、上に抽象度が高いエネルギーパターンがあって、そこを通って下に降りてくるという言い方もできます。

抽象度の高いエネルギーパターンを入れる

繰り返しになりますが、自分が幸せであってもいいというエネルギーパターンがなかったら、幸せのエネルギーは届きません。

つまり、エネルギーが届かなかったら、現実にはあらわれてこないのです。

この世界はエネルギーパターンのあらわれなのです。だから、自分は幸せだとか、自分を許しているとか、宇宙は私の面倒を見てくれているとかいう抽象度が高いエネルギーパターンをどんどん入れましょうと、私は提案しているわけです。

それをやっていると、自分の本当の幸せや願いはこうだというものが現実にあらわれ、これが幸せだとプロパガンダされているものに向かわなくてもよくなるのです。

タワマン、年収一億円が叶わないワケ

例えば、年収一億円で、タワマンに住んでいる。それが幸せだとか、社会的にプロパガンダされている幸せがあります。

でも、その人本来の幸せが年収1億でもタワマンでもなければ、いくら努力しようともそれは手に入らない。

あるいは、たまたま手に入ったとしても、バランスが崩れる可能性があるので、結果、その人にとって幸せじゃない結末になる可能性が高いのです。

それは本来の幸せと、年収1億やタワマンというプロパガンダされた幸せが調和していないから、ある意味、そうならざるを得ないのです。

だから私は「調和のエネルギーを入れましょう」ということで、「なほひはる」

（テクニックに関してはＰ99を参照）のテクニックを教えているわけです。

調和という抽象的なエネルギーパターンがあれば、不調和な願いは実現しません。

そのほうがいいと思いませんか。

調和を乱す要素

私は個人セッションを実施しているのですが、そこでは「彼氏が私をもっと好きになるようにしてほしい」と言う人がたまにいらっしゃいます。

私は、人の意思をコントロールするつもりはありません。人をコントロールして幸せになろうという人は、いつまでたっても幸せになれないんじゃないでしょうかといつもお話ししています。

そういう人に必要なのは、「私は幸せであっていい」というエネルギーパターンをしっかりつくっておくことです。

不倫していて、彼を奥さんから奪いたいとか、奥さんが死んでほしいと言う人もいます。それで例えば、夜中の2時に神社で、くぎ打ちをやっている人もいるらしいです。

でも、それで幸せになるというのは勘違いです。何らかの手段を使って奥さんと別れさせて結婚したとしても、幸せじゃないと思います。

そういう人は、「だって、それが私の幸せなのよ」とか、「彼は私のことをもっと好きになったら幸せなの」と言います。

でもそれは間違いです。なぜなら、自分が幸せになるかどうかを他人に依存しているからです。それでは逆に調和を乱す可能性だってあるわけです。

そういうふうにならないために、根本の抽象的なところを整えることがすごく大切だと私は言っています。

一般的な成長と、シフトは全然違う

一般に成長には時間とともにより良くなっていくイメージがあります。

グラフで横軸を時間、縦軸を成長としたら、斜めの直線で示されるように、時間とともにいろいろ学びながら成長していくと思われている方が多いと思います。

それも間違いではありませんが、シフトというのは、急激に縦に成長していって、それに時間がついてくるイメージです。

これが私の言っている人生のシフトなのです。要するに、無意識にこういう人生だと思い込んでしまっているボックス（箱）が、瞬時に上がっていくのです。

最近では「パラレルワールド」という言葉をよく聞きます。一般には、「並行世界」、「並行宇宙」などと訳される言葉です。

いわば成長とはパラレルジャンプで、別のパラレルワールドにジャンプしているわけです。そうすると、時間がそれに追いついてくる。

もう一度言います。人は時間とともに成長していくと思っていますが、エネルギーが先に変わって、時間が成長を応援してくれる感じに変化するのです。

肉体レベルで努力しても結果は出にくい

ただ、「別のパラレルワールドに移ろう！」と思って試すと、往々にして上手くいかないものです。なぜなら、それは肉体の世界で動かそうとすることに近いからです。

勝手に移るのが、見えない世界を使うやり方です。事を起こそうとするのではなくて、事が起こるに任せるほうが確実性が高いのです。

皆さんも、頑張って頑張って結果が出たということは案外、少ないのではないでしょうか。

これまで結果を出している人たちは、見えない世界を整えていたはずです。

見えない世界を整えないで、努力、努力、頑張ろう、頑張ろうというのは、逆にきつくなることのほうが多いのではないかと思います。

もちろん、頑張るのがいけないとは言いません。ただ、見えない世界をしっかりと整えることではじめて、その努力が報われやすくなるのです。

滞りを取るのが、エネルギーを回すポイント

まずは、見えない世界が土台だということです。

パラレルワールドの選び方は、まず、見えない世界、自分の理想の世界を仕込んでいくことがとても重要です。すると、それがあらわれてくる。

このとき、「それがあらわれるんだ！」と執着しないことです。整えたら、後は自分を活かしてくれている存在に委ねる。

それは神様と言ってもいいし、サムシンググレートと言ってもいいし、命の源と言ってもいいでしょう。

また向かうパラレルワールドは、顕在意識が選ぶということも重要です。顕在意識が選んだり、気づいたりして、自分が決めたと自覚するのです。

とにかく、望む人生が実現しやすいように潜在意識を整えていきます。そして任

せていきます。

また、期限をあまり強く設定したりするのも良くありません。そこには執着に近いエネルギーが生まれるので注意がいります。

エネルギーを動かすためには、滞りを取ることが重要なのです。執着や過度の期待は、エネルギーを滞らせます。

パラレルジャンプでシフトしていける!!

集団的無意識にあるいくつかのエネルギーパターンを通っている私たちは、「共同幻想」を生きているとも言えます。

そして、また「そのことは誰がそう思っているか」という観点では、すべてはその人自身ということにもなります。

よく言う「あなたの人生の主役はあなた」とはそういうことです。

別の言い方をすれば、その人の人生はその人のものです。つまり、人の数だけ世界や宇宙が存在するわけです。

一方で量子力学では、「今、体験していること以外には実は何もない」とも言っています。「今ここ」が、あなたにとっての現実という考え方です。

厳密に言えば、その現実も幻想と言えば幻想です。しかし身体を通してその瞬間を体験しているから、私たちは現実として認識しているのです。

パラレルワールドはその一瞬一瞬にありますが、場としては揺らいでいます。共同幻想を抜けるのは、その揺らぎを突き抜けるようなものです。

もちろん、集合的無意識のエネルギーパターンを超えることは難しいのですが、今、個人のエネルギーパターンは昔よりも揺らいでいると言われています。

ですから、自分の体験を生み出す見えない世界のフィールドを変えると、おのずと体験が変わる＝パラレルジャンプが起こるのです。

そういう例はたくさんあります。実際、今までの因果律であればあり得ないようなことも起こってきています。

先ほどお話しした重い病が消失した話なども、その一例と言えます。

明らかに現実は幻想であり、パラレルワールドは瞬間瞬間で揺らいでいる。そして、パラレルジャンプして移れる。私はそう確信しています。

「すべては、今ここ」の本当の使い方

すべては、今ここにあるのです。時間というのは共同幻想を生きるためにある尺度なのに、みんな時間とともに成長すると思い込んでいます。

そうではなくて、「今、成長している」と今ここで設定すれば、時間がそれを応援してくれるのです。

すると、起こってくる出来事は、すべて成長のために出現するようになる。

別の言い方をすれば、これは「在り方を先に整えた」とも言えます。エネルギーが先だというのは、そういうことです。

今ここでエネルギーを先につくっておくと、やがて結果が必ず出てくる。結果が出るということは、時間が応援したということです。

普通は、時間をかけて成長していこうとします。でも、すべては今ここにあるの

ですから、今ここにつくったほうが確実性が高いわけです。

今ここで未来をつくれば夢は叶う

それに対して、多くの人は未来にこうなりたいと、未来の目標をつくって努力します。願望実現のために、顕在意識でこういう未来になろうと思ってイメージングします。

でも、それは可能性の未来。その未来は、実現するかもしれないし、実現しないかもしれない。

だけど、今ここでそれが実現しているというエネルギーの状態をつくってしまえば、それだけ願望実現の確実性が増すわけです。

エネルギーは、すべて今ここにあるのです。それを未来に持っていくのは顕在意識の考え方です。潜在意識的には、過去も現在も未来もすべてが今ここにあります。

だから今ここで、未来の状態をつくれば夢や目標は叶いやすくなるのです。

あるセラピストの見た未来が不確実である理由

その人の過去や未来だけでなく、過去世や未来世も、すべて今ここにあります。「エネルギーは今ここにある」というのは、そういうことです。

例えば、あるセラピストが一人のクライアントの未来世を見たとします。そこで、「潜在意識では、先はこういうすばらしい未来になっている」と答えたとします。

そのとき筋肉反射テストをやってみると、クライアントの指は開きました。指が開くということはネガティブな反応ですから、「違う」という答えを示しています。では、このセラピストの見た未来は間違っていたのでしょうか。答えは、ノーです。なぜなら、そのセラピストが見た未来は、「可能性の未来」だから間違ってはいないのです。

ただしパラレルワールドだから、そこにクライアントが行くのは可能性のひとつであって、確実性は薄い。だからクライアントの指は開いてしまったのです。

対して、セラピストが今ここでクライアントの望む未来をつくって、さらに「今、すばらしい未来が実現しています」と、「今」という言葉を使って答えると、クライアントの未来はオンになります。だから、未来を今つくってしまうのが大切なのです。

エネルギーは原因の世界。原因を今ここで仕込む

成長の話と一緒で、もう実現している未来を今つくってしまえば、時間はそれをつくっていくうえでの味方になります。

繰り返しますが、エネルギーは原因の世界だからです。

原因を仕込んだら、あとは結果がそうなるように時間が育ててくれるのです。つまり、例えば幸せになる原因を今ここで仕込めは、そこから先の時間は幸せになるための出来事だけがあらわれるようになるということです。

成長が先にできると、時間はその成長を応援してくれるとは、そういうことです。

普通は時間とともに成長するという考えです。それも間違いではないかもしれません。

しかし、今は量子場を変容させれば人生が変容するということが起こり得る時代だからこそ、この人生の〝からくり〟を知るといいという話をしています。

第1章のまとめ　この世のからくりを丸っと復習

- なぜ人生はあるのか。なぜあなたは人生を体験しているのか。それはどういうからくりで起こっているのか。まずはそこに気づくこと
- それがわかれば、顕在意識には決める能力があるので、どのように自分の人生を変えていきたいかを決めればいい
- 決めたら、原因の世界である潜在意識領域にアプローチして、そこを変容させる

・具体的には、潜在意識下で、願いが今実現しているというエネルギーの状態をつくること
・そうすればあとは時間が味方してくれるようになる。つまり、今までとは違うようなかたちで夢や目標が実現するようになる
・例えば、今までは、努力、努力でつらかったが、その努力が楽しみに変わる。すると、生きるのが楽になる
・もし決まっていたら、いろんなつらいことが起こるのも、そのために必要なことだという話になる
・あんなつらいことがあったから、今の私があるという話は、たくさんある

セルフ編集テクニック　ワンライトメソッド®

これまでお話ししたように、私は、潜在意識の領域こそ人生の土台だという考え

方を持っています。

そして、それぞれの人がより良い人生に行くためのお手伝いをしてきているつもりです。

そこで自分で自分の潜在意識を整えることができるテクニックがあったほうがいいだろうと考えて、「セルフ編集テクニック」という技を開発しました。

それが「ワンライトメソッド®」です。今、発表しているだけで12のテクニックがあります。

これらのテクニックはどれも難しくはありません。しかも各テクニック共に、数分から数十分で終わるものばかりです。

皆さん、日常を生きている中でいろいろな体験をしていきます。体験は結果です。「ワンライトメソッド®」は、その結果を使って、原因となっている潜在意識を整える技術です。

自分を整えると人生が変わる!

先ほど、ヒーリングをしていないのに重い病が消失したという話をしました。

「ワンライトメソッド®」を行うことで、そんな奇跡のようなことが起こります。するとその人は、自分を整えると人生が変わる、自分を取り巻く世界が変わるという体験をしていくわけです。それによって、もっともっと成長していけます。

そこに気づけば、周りの人が重い病になったという事実すら、もうなくなった（＝認識できなくなってしまう）かもしれません。

それが見えないボックスを超えていくということです。

この世界で現実と言われているものは、身体があるから認識、体験できるという話をしました。

身体というのは、この空間に存在します。空間と身体と潜在意識（見えない世界）はつながっているのです。

第2章

なぜ身体と空間と潜在意識はつながっているのか？ワンライトメソッド誕生秘話

私が人生のからくりに気づいたワケ

このからくりというか、人生の法則に、私がどうして気づいたか。ここからはそのことについて少しお話ししたいと思います。

私が、なぜそのからくりに気づいたか。それは人生の中でネガティブな経験をいっぱいしたからです。

ネガティブな経験というのは誰でもイヤですから、避けようとします。すると、そこにとらわれるのです。

そこからどうにか抜けたい。私はいろんな試行錯誤を繰り返しました。そこで見つけたのが、まず、受け入れるということだったのです。

違う言い方をすると、当初、ネガティブなことがあったから、「私は成長した」と思うようにしていました。

すると、少しだけ楽になったのです。その分、エネルギーが回るということにもそのとき気づきました。

私の人生が良いことばかりだったら、そこには気づかなかったかもしれません。

私は人一倍ネガティブな経験をしたと自負しています。

その分、そこで学び、それを乗り越えて成長してきたと思えるようにもなりました。そのときのネガティブがポジティブに変わったのです。

ネガティブを活用するための実験台

ネガティブなことは誰にでも起こってくるものです。

私はたくさんのネガティブな出来事を通して、これを活用すれば成長へとシフトすることができるという実験台だったと思っています。

今だって、良いことばかりかというと、そうでもありません。成長はしていますが、ネガティブなことはあります。

ただ、そんなにとらわれなくなりました。そうすると、生き方が楽になってきます。

もうひとつ、最近は仕込みがすごく大切だと思っています。自分は成長するとか、自分は幸せな人生を歩むとか決めるのです。

ネガティブなことにこそ秘密がある

私は中学生の頃、自分の運命はどうなのかとか、占いの研究を一生懸命しました。けれども、占いの結果を実践しても自分の人生は何も変わりませんでした。

大学受験では、「自分はすでに志望校に合格した」と自己暗示をかけて、一切勉強をせず、見事受験に失敗しました。

そんなネガティブな経験を通して、自分を変えてきたのです。それで私は成長してきたと思っています。

ネガティブなことにこそ、秘密があるのです。チベット仏教の奥義のひとつに、「ネガティブな感情があったらそこに飛び込め」という教えがあります。

「ネガティブは要らない、要らないと遠ざけていると、ずっとそこにとらわれるぞ」という戒めです。

〝受け入れる〟ことが、ひとつのキーワード

人生を変えていくにはいくつかのキーワードがあります。そのひとつは受け入れることです。

この人生で身体を持って経験することは結果で、結果に抵抗してもしようがない。抵抗すると、そこに巻き込まれるだけです。起こったことは受け入れるしかないのです。

受け入れることは負けではありません。逆に楽になるのです。

人はみんな、もっと幸せな人生を送りたいと思って一生懸命生きています。でも、その中で性格が悪くなっていく人もいます。

サラリーマンの世界では、人の足を引っ張ったり、陰口ばかり言ったり、部下の

ほうを見ないで上司ばかり見ている「ヒラメ」がいたり、パワハラする人もいます。

一生懸命生きているんだろうけど、そういう人たちは、この世界を去るときに自分の人生とか自分の魂を本当に誇れるでしょうか。

人をいじめ、人を裏切り、人をだます人生が、良い人生だと言えるのだろうか、と私は思ったのです。

量子場の世界から見ると、それはこの地球に悪い波動を与えることになるのじゃないでしょうか。

「ありがとう」というエネルギーを世界に刻む

見えない世界で自分はまずかったと思ったら、この世界を去るときに、そういうエネルギーを残していくことになるのです。

でも、自分は良い人生を歩んだ、この人生に感謝だ、この宇宙に感謝だ、すばらしい時間をいただいて本当に成長できた。

そして、ありがとうと言ってこの世界を去ったら、良いエネルギーがこの世界に溜まっていきます。

楽になっただけでもいいじゃないかと私は思います。そうしたエネルギーパターンが量子場に刻まれるわけですから。

だから、つらくてつらくてしようがないとしても、それを受け入れてテクニックを使う。すると、楽になる。そしてそのエネルギーを世界に溜めるのです。

先ほどもお話ししましたが、アカデミー生の一人は重い病になったお兄さんに何を言っても聞かないから、自分がそこで感じたネガティブを受け入れ、自分を整えた。

すると、お兄さんの重い病が消えるという思ってもみないことが起こるのです。

変えよう、変えようとするのではなくて、まあいいかな、しようがないかなみたいな気持ちになったときに変わるのです。

だからまず、すべてを受け入れることです。

筋肉反射テストは何を活用しているか

ここからは、見えない世界のメカニズムがなぜわかったかについて、少し説明したいと思います。

突然ですが、筋肉反射テストというものをご存知でしょうか。

有名なのは、「アプライド・キネシオロジー」[*1]（P142参照）というカイロプラクティックのメソッドがあります。

これらは身体の反応を活用して、ヒトを健康な状態に戻していくという療法です。このメソッドが活用していることにもそのヒントがあります。

潜在意識領域は見えない世界です。

この見えない世界の反応と、身体の反応を紐づけているのが、アプライド・キネシオロジーなどです。

一言で言えば、筋肉の反射で潜在意識から答えを聞いている。そうした方法です。

見えない世界のからくり

では、なぜ筋肉反射テストで潜在意識のことが聞けるのか。答えは簡単です。潜在意識領域は身体とつながっているという考えに立脚しているからです。

そうすると、身体をつくっているのは、潜在意識下にあるエネルギーパターンだという発想につながります。

またエネルギーパターンの乱れが病を引き起こすという考えも出てきます。これは法則なのです。

すると結果として、身体で体験している現実空間と、見えない世界は密接に関係していることが見えてきます。

このからくりを知っていると、いろいろ使えます。

相手の潜在意識に深く介入できる

ちなみに、私のアカデミーの生徒と他のセミナーの受講生の違いは、私のアカデミー生には、見えない世界に介入する能力を伝授していることです。

アカデミーには、セラピスト、インストラクター、マスターと3段階のレベルがあります。

その中でアカデミーのセラピストは、個人の潜在意識に介入する能力を身につけています。

基本的にセラピストはクライアントの許可をもらったら、相手の潜在意識に入って書き換えができるので、効果がすごく出やすいわけです。

インストラクターには、集団の場に介入する能力を伝授しています。マスターは、この世界のオリジン（源）に近いレベルに入る能力を身につけています。

介入の深さと速さは比例します。だから、私とか、私のエネルギーを伝授されたマスターたちは、瞬時に潜在意識を書き換えることができます。

ただ、これは能力なので、すごく練習しても身につく人と身につかない人がいます。それも個性です。

潜在意識を整えると、あらわれる結果が変わる！

ここで言う能力というのは、人をサポートする能力です。サポートするには何が必要か。潜在意識領域に介入する能力が必要です。とはいえ、普通は深く介入できません。

私はなぜできるのでしょうか。何十年もトレーニングしているからです。

エネルギーの世界は、現実の人生体験の原因の世界です。そして、この人生体験は結果の世界なのです。それを念頭に置いておきます。

結果を変えようとすることは難しいです。人生は、結果がはっきり出ます。

そしてこの世界は結果です。でも、結果だからといって諦めますか。結果の世界から原因の世界を変えていけばいいのです。

結果にこだわり過ぎてはダメです。結果を使って原因の世界を整えていきます。それが原因なのですから、自分の潜在意識領域（量子場領域）を整えていきます。すると、あらわれる結果が変わります。

人生は川の流れのようなもの

これがボックスを超えるということです。超えないで、「ああ、またか」とやっていると、そのボックスで人生が終わってしまう。これはもったいないことです。だから起こったら、それを受け入れて処理します。正直言ってネガティブなことは受け入れがたいけれども、あえてそれをやっていくことでシフトするのです。

自分に対してポジティブなエネルギーパターンを仕込んでいくと、それは必ずあらわれます。ただし、いつあらわれるかはお任せしたほうが良いのです。

人生は川の流れのようだと言います。どうせ川に流されるのだったら、逆らわずにその流れに身を任せたほうが速い。私はそう思っています。

とにかく見えない世界を整える。そう決めること

私は、『祝福人生創造ブック』（ビオ・マガジン刊）という自著の後書きに、「人生は、山の頂上から降りてきて、そこから川を下って海に流れ着くという捉え方があってもいいじゃないか」と書きました。

その例えで言えば、流れに身を任せたほうがいいのではないでしょうか。こっちの流れはイヤだと逆らっていたら、海には行き着きません。

大きい川か、小さい川かは、その人の個性です。あくまで、力を抜いて、その流れに身を任せる。

人生の流れを信頼したら良いのです。流れに逆らったら疲れるだけです。だから、まず見えない世界を整えることです。

理屈より先に、まずそう決めること。この世界に降りてきたのです。成長の流れ、

また海に帰っていく流れを楽しむと決めてもいいじゃないですか。

そしたら、つらいこともあるでしょうが、すてきなことだっていっぱいあります。

技術があればセルフで潜在意識に介入できる

豪雨に打たれ、濁流にのまれるかもしれないけれども、周りの木々の香りとか、すてきなこともあります。

そして、命のもとである大海に戻っていったときに、自分はいい人生だったと言えればそれでいい。

集合的な量子場が生まれて、この地球はすばらしい星だとなったら、これもパラレルです。

そういうことが起こってくるのではないかという考えを、私は選んでいます。

技術があれば、自分の潜在意識にセルフで介入して、ネガティブな感情エネルギーを解放して楽になります。

それだけでもいいじゃないですか。そうすると、シフトするので、次のステップに行きやすいのです。

自分の身体を使って潜在意識を変容させる

先ほどの章の最後で少しお話しした「ワンライトメソッド®」は、そのためのテクニックです。

いわば、これは自分の身体を使って自分の潜在意識を変えていく技です。基本的に誰にでもできるメソッドです。

ちなみに潜在意識を変容させる方法は、昔からいくらでもあります。しかし、なかなか変わらないと言う人が多いのがある意味、欠点でした。

ちなみに真言密教は、変容の技術でもあるわけです。そこでは、身口意（しんくい）をもって変容すると言われています。

大日如来と一体化するイメージを持って、手印（ムドラ）を組んでマントラを唱えることで変容を起こすのです。

身体は潜在意識とつながっています。言葉は左脳で、イメージは右脳です。身体を使って言葉とイメージをひとつにして変容させると、私は理解しています。「ワンライトメソッド®」も身口意を使うので、ある面、真言密教と似ていると思っています。

そして手印（ムドラ）を組む行為も、「ワンライトメソッド®」で身体を使っていることと類似します。

合掌はエネルギーパターンとの同調

手印（ムドラ）を組んでエネルギーパターンと同調させているというのが私の意見です。一番簡単なのは合掌です。合掌は陰陽統合の形です。

「ありがとうございます」と合掌するのは、陰と陽を統合しているのです。

密教で大日如来とか不動明王とか神仏を呼ぶときに手印を組み、マントラを唱えるのは、同調させて、神仏と一体化するわけです。

修験道は山にこもって修行します。対して私は苦行でなくて楽行系ですから、自分の潜在意識を楽に早く変容させたいわけです。

だから、昔からある修行法ではなくて、オリジナルでつくりました。しかも身体を活用するので、誰もが、早く、楽に効果が出ます。

また、特別な時間をとらないとダメだとか、身体を清めないとダメだとか、たぶんいろんな制約があったから、昔の修行法は難しいものになってしまったのだと思います。

その点、「ワンライトメソッド®」は、誰でも持っている自分の身体を使って潜在意識を変容させるための手伝いをすることができます。

身体を使う「なほひあい」シリーズ

この章の最後に、先ほどお話しした「ワンライトメソッド®」の12のテクニックについて簡単に書こうと思います。

まず「なほひあい」シリーズは、自分の身体を使って潜在意識を変容させていく技のシリーズです。

まず、「なほひゆい」は、ネガティブなエネルギーを解放するテクニックです。このテクニックではイメージと言葉を使います。

イメージを使って、最後は言葉でつかまえるメソッドです。会社でお局(つぼね)さんにいつもギャーギャー言われてつらくてしようがなかった人がいました。

その人がこのテクニックを使ったら、いじわるなお局さんがいなくなったというエピソードがありました。

この話をすると、みんな、お局さんがいなくなったことに注目しますが、実際はそうではないんです。

見えない世界を整えると、いなくなるとかいなくならないとかが、もう関係なくなるのです。

仮に、お局さんがいなくならなくとも、「なほひゆい」で整えたら、その人は何を言われてもあまり気にならなくなるはずです。

それだけで楽になるじゃないですか。そうしたら、結果、その人の場合は、お局さんが勝手に自分の部署から異動になったのだそうです。

言葉を活用してエネルギーを変容させる

「なほひふり」は、言葉を使ってエネルギーパターンを変容させるテクニックです。エネルギーパターンの書き換えをするときに、言語でそのエネルギーを特定します。

筋肉反射テストも、基本的には言葉で聞きます。例えば、「私は自分のことが好きです」と言って、オンになるかオフになるか、言葉で探るわけです。

それから『超越易経』（ヒカルランド刊）という書籍に書きましたが、易で方位のエネルギーを改善して問題解決するやり方もあります。あれは、解決するための象徴を持ってくるわけです。

ネガティブをポジティブに変換する

「なほひかへ」は、ネガティブなエネルギーをポジティブエネルギーに変換するやり方です。

こういう人がいました。彼は雑誌の編集者で「ロケのときには『なほひかへ』で天気を変えられる」と言うのです。

ただし彼は、天気そのものを変えようとしてはいませんでした。天気が悪くなると撮影のクルーに迷惑をかけるので、あるいは撮影クルーのテンションが低くなるので自分が感じたネガティブなエネルギーを「なほひかへ」で変容させたと言うのです。

そして、「なほひかへ」を使った後は、不思議と天気のことが気にならなくなると言っていました。すると、天気も変わっていた。

〝起こす〟ではなく、〝起こる〟に任せる

これが、変えようとするのではなく、勝手に変わるということです。ストレスを感じなくなるから、気にならなくなる、それだけでもいいじゃないですか。あるいは、事を起こそうとするのではなくて、起こるに任せる。量子場、つまり潜在意識領域を整えることで、それが起こるのです。

努力するなとか、目標をつくってそれに向かって頑張るなとは言いません。もちろんそういうやり方でやってもいい。

しかし、本当は自分の中を整えることのほうが重要なのです。あとは、自分がどういう人生を歩むのかを、選ぶこと、決めること。

セミナーの場のエネルギーを活用する

書籍を読んでやってみるのもいいですが、セミナーに参加して受講生みんなでテクニックを使うと非常にパワフルです。

なぜなら、同じ場でテクニックを学んで、より良い人生にシフトしたい人たちが何人もいらっしゃるので、セミナーでは非常に良い場ができるからです。

つまり、その場のエネルギーも活用することでパワフルな結果を手にすることができるのです。

また一人でやると、「こんなので覚えられるかな」とか、「こんなので人生は本当に良くなるのかな」とか、いろんなノイズが入ってきます。

それに対して、良い場に入ればそうしたノイズも自然と湧き上がらなくなります。しかも私はセミナーの場も調整しているので、その効果は限りなく上がります。セミナーに参加したらより良いことが起こったと報告いただいています。

多くの生徒が進学校を目指すワケ

例えば、なぜみんな進学校に行きたがるのでしょうか。その学校は進学率が高いという〝場〟があるからです。

あそこはいい先生がいっぱいいるとか、教育環境がいいとか言うけれども、それはあくまで見えている世界です。

見えない世界には、そこに通う生徒たちが進学していくという場がある。実はそのことのほうが大きな要素を占めているのです。

野球でもバスケットでも、みんな強豪校に行きたがるのは、やはり見えない場があるからです。

だから私もセミナーでは、先ほどお話ししたような場づくりを心がけています。

自分がどんどん成長していくという場をつくれば、見えない世界が原因だから、その影響を受けるわけです。

そうすると、いつの間にか人生がシフトすることが起こりやすくなる。リアルなセミナーは場の恩恵をつくりやすいのです。

空間を使って変容させるSSE

「ワンライトメソッド®」には、身体を使う「なほひあい」シリーズ以外に、空間を使うやり方もあります。

空間を使うテクニックには、SSE（スピリチュアル・スペース・エンジニアリング）という技があります。こちらも私のオリジナルです。

現在、6つぐらい発表していますが、著作に記しているのは「ミッション・リビング・インテンション」というテクニックだけです。

ちなみに、ミッション・リビング・インテンションとはどういうものか。人はこの世界を必ず去ります。肉体を脱ぎ捨てるときが必ず来るわけです。

そのとき、この身体を持っていろいろ体験してきた人生を振り返って、後悔する人が多いと、よく言われます。

これは都市伝説かもしれませんが、スティーブ・ジョブズは、病床で最後に自分の人生を振り返って、こう言ったそうです。

確かに大成功してお金もたくさん入ってきたけれども、果たして自分は幸せだったろうか、否、幸せではなかったと。

この世を去る直前の状態が今、体験できる

そして、「肉体を脱ぎ捨てたらお金は持っていけない。持っていけるのは、愛に満ちた、幸せにあふれた思い出だけです。だから、皆さんはそういう生き方を常に念頭に置いて生きていくといいですよ」と言ったそうです。

なるほどと思うけれども、愛と楽しい思い出にフォーカスして生きることができますか。

人は翻弄されて生きて、そこで学んでいくわけなので、そんなふうに生きること

はなかなか難しいのではないでしょうか。

ミッション・リビング・インテンションを使うと、この世界を去る直前の状態を体験することができます。

体験すると、その状態が自分でわかります。わかったら、ネガティブなところを解放し、書き換えればいいのです。

要するに、新しく仕込めばいい。そして、現在に戻ってくる。

そうすると、仕込まれているので、そういう形で人生が変わっていきます。シフトしていくと言ってもいい。

空間を使うと、理論や理屈を超えたことが起こる

ある経営者の方が、ミッション・リビング・インテンションのセミナーを受けたら、最期の瞬間に誰もいなくて、涙しそうになったそうです。

もしミッション・リビング・インテンションを受けなかったら、そういう人生だ

ったでしょう。でも、彼はそれを書き換えたわけです。書き換えて現在に戻ってきたら、何と事業がものすごく伸び出して、家族関係もよくなったと、彼は言っていました。

そこでは何が起こったのでしょうか。彼は外に向かって何かを働きかけたわけではありません。

自分の在り方を整えただけです。こうなろうとかじゃなくて、在り方を整えると勝手に起こってくるのです。書き換えたことで、結果が変わるのです。

そんなふうにミッション・リビング・インテンションを何回も受ければ、どんどんシフトアップしていきます。

空間を使うと、ある面、理論とか理屈とか左脳的な部分を超えたところで現実が動くので、効果が出やすいです。

5つのエレメントのバランスをとるテクニック

それ以外にもSSEには、「五行合一」というテクニックもあります。これは、五行のバランスを潜在意識に入れ込んで問題解決を図るという技です。

木・火・土・金・水のエレメントを使って、エネルギーのバランスを整える。SSEなので、空間と身体を使って五行のバランスをとっていくわけです。

結局、バランスを崩すとトラブルが出てくるのです。結果の世界でバランスを崩しているのですから、原因の世界でバランスを取り戻せば良いという考え方です。

しかも五行は、潜在意識の深い層にある集団的なエネルギーパターンでもあるので、その効果は絶大です。

論理的展開より、まずはやってみること

もちろん、左脳の要素が好きな人は、なぜＳＳＥの効果が起こるのかとか、唯識論がどうとか、論理的な展開をしてもいいと思います。

でも、その前にまずやってみるということが、とても重要なのです。

私のテクニックは身体を使ってやるので、やってみて効果が出ます。だから、理屈だけに留まって実践しないでいるともったいないのです。

ですから、本当は理屈がどうかはわからなくてもいい。ただ、やってみればいいのです。

また絶対に上手くいくと思わないほうが、上手くいったりします。「よくわからないけど、やってみよう」ぐらいのほうが効果が出たりします。

なぜなら、そこにはこだわりがないからです。こだわりがないほうがエネルギーを動かしやすいのです。

第2章のまとめ　ワンライトメソッド®一覧

光一が開発したオリジナルテクニックで
自分で自分の潜在意識を整えるテクニックです。
短時間で自分自身の潜在意識を整え
そして人生をより良くシフトさせていくことを狙いとしています。

現在（2024年）23種類のテクニックがあり、
テクニックは増え続けています。
様々なテクニックを使いこなすことで
セルフコントロール力が強化されていくように考慮しています。

■なほひあいシリーズ

・なほひゆい　ネガティブエネルギーの浄化、解放
・なほひふり　潜在意識の情報の書き換え
・なほひかへ　ネガティブエネルギーをポジティブエネルギーへ変換する
・なほひびき　ネガティブエネルギーをポジティブエネルギーに変換し世界に響かせる
・なほひゆら　サトルボディ（潜在意識領域）にポジティブエネルギーをめぐらせる
・なほひはる　大調和のエネルギーを潜在意識領域に広げていく

■SSEシリーズ

・天使召喚　問題を解決するために天使を召喚する
・四神召喚　問題を解決するために四神を召喚する

・ジアースオリジン　人生をより良くシフトするために地球に降り立った自分自身を癒やす
・ミッション・リビング・インテンション　未来の自分自身を癒やし、人生をシフトさせる
・チョイスワーク　選択に迷ったとき、より良い人生にシフトすることを仕込む
・五行合一　問題を解決するために五行のエネルギーを活用する
・リメンバーレムリア　人生をより良くシフトするためにレムリア時代の自分自身を癒やす
・超越開運　吉方位のエネルギーを活用し、より強運な自分自身にシフトする
・インナーキャラクター統合　内なる自分のキャラクターを統合し人間関係をシフトさせる
・十二支統合　世界との関係をより良くシフトするために十二支を統合する
・エイトレベルシフトテクニック　人生をより良くシフトするために多重的な世界を活用

■エネルギーワーク（瞑想法含）

・エイトレベルメディテーション
・エネルギッシュ瞑想
・願望実現瞑想
・21レベルなほひかへ
・五行陰陽統合ワーク
・エイトレベル陰陽統合ワーク

『エンライトアンバサダーアカデミー®』について

『エンライトアンバサダーアカデミー®』は、自分自身の潜在意識に深く介入する能力と他の人の潜在意識に深く介入する能力を伝授し、「ワンライトメソッド®」をより強力に使いこなすことが可能となります。

加速度的に自分自身の人生シフトを実現するとともに、セラピストとして他の人々の人生シフトの支援を実現する能力を得ていきます。

セラピストモデルの後にはさらなる上級コースが準備されています。場に介入する能力、より深い集合意識に介入する能力が伝授されます。世界に対する貢献度がより高くなっていきます。

光一のワークの情報については公式HP（https://www.nahohi.info）をご覧ください。つねに情報が更新されています。

第3章

賢人たちは、
この世のからくりに
昔から気づいていた?!
様々な学説や理論に見る
量子場の世界

すべては、決めることから始まる

最後の章では、見えない世界の活用についてもう一度復習しながら、潜在意識の活用を気づいていた賢人たちについてもお話ししたいと思います。

まずは、見えない世界のからくりから復習しましょう。ポイントは、とにかく決めれば、必ずシフトすることができることです。いつだってより良くなれます。

逆に、「そんな話を聞いたって、自分は意識的につらい人生を歩んで修行している、この世界は償いの旅なんだ」と決めるなら、それはそれで良いのです。

大切なのは、あなたは決められるし、選べるということです。だから、まず顕在意識で結果を受け入れると決めます。するとエネルギーは動きやすくなります。

原因の世界である潜在意識を整えれば、あとは結果が勝手に起こってくるだけです。

フロイト以前は、誰も知らなかったからくりの存在

最近は、そこに気づける人が増えました。これも時代だと思います。昔は、ほとんどの人がこのからくりに気づけませんでした。

無意識、潜在意識というのはフロイト[*2]が発見したと言われています。フロイト以前は、潜在意識があるなどという概念はなかったので、基本的にはそんなことに誰も気づけなかったのです。

また昔からの秘教の教えには、見えない世界があるという考え方がありましたが、普通の人はそういう教えに触れることはありませんでした。

でも、今は、大体の方は潜在意識という言葉を聞いたことがあるのではないでしょうか。

身体から潜在意識に入ったほうが速い

潜在意識というのは、簡単に言えば、自分が意識していない意識です。そこを変容させればいいのです。

潜在意識を変えるには、一般的には顕在意識からアプローチするわけですが、それでは潜在意識はなかなか変わらないと、よく言われます。

だから、これまで何度もお話ししたように、潜在意識をいい意味でコントロールしたかったら、まず、自分の人生をどういうふうにしたいか抽象的に決めていくことが重要なのです。

また、すべては自分ですから、自分の価値観を上げていく。それも理由なしにやっていくといいです。

自己尊重を促すときに、理由を見つけさせるやり方があります。それも良い方法なのですが、むしろもっと深い部分、抽象的な部分に働きかければいいのです。

またそうしたワークは、今まではイメージや言葉のみで行っていました。対して、私のやり方は身体を介入させるので、それによって潜在意識との接触ができるのです。

身体と潜在意識がつながっているのは法則です。だから、効果が早く出る。セルフでやっても、多くの時間を必要としません。

矢印の指す方向が万国共通なのはなぜ?!

見えない世界はエネルギーの世界ですから、ある面、すべては意識という言い方もあるわけです。

意識がどういう形になっているのか知りたい人は、いろいろ勉強されればいいいと思います。

個人的な無意識より深い部分は、集合的な無意識です。集合的な無意識で誰もが起こす反応には法則があります。

例えば、矢印を見たら、誰にも教わってないのに、世界各国共通で矢印が指し示す方向に意識が行くはずです。それはなぜでしょうか。

あるいは、渡り鳥は、ある時期が来たら、ある方向に飛んでいきます。教わっていないのに、なぜそうするのでしょうか。

存在しているものには、その個体特有のエネルギーパターンがあるわけです。そういうのを使うと、活用できます。

数字にも、ある程度の波長があります。例えば、1には、始まりという波長があります。2には、相対とか調和という波長があります。

3にはクリエーション（創造）という波長があります。三種の神器とか、三位一体とか言います。これらは世界共通です。

数字や色にもエネルギーパターンがある

素数とか、数の原理を使って顕在意識にいい影響をもたらそうとしているのが、医学博士の丸山修寛[*3]先生がやっているクスリ絵の背景理論です。

丸山先生は、クスリ絵を使って治療していらっしゃいます。クスリ絵には時空間を広げて、パラレルワールドに誘導する効果があるのです。

おそらく丸山先生は、数の原理を知っているはずです。またクスリ絵は、カラフルなのも特徴です。色も周波数なので、その効果も活用していると思います。

例えば色で言うと、真っ赤な部屋に入れると体温が上がり、青い部屋に入れるとクールダウンするという実験もあります。これも世界共通です。

ということは、クスリ絵は私たちがこの世界を体験する中で、集合的な、誰もが影響を受けるエネルギーパターンを活用して身体の不調を調整しようとしているアイテムであると言えるわけです。

同じようなメカニズムを使ったものとして、東洋の考え方で、木・火・土・金・水の「五行思想」というのがあります。

あれもひとつの集合的なエネルギーパターンなのです。東洋医学で言うと、五行のバランスの崩れが病を引き起こすという考えもあります。

量子場を活用した治療法はまだまだある

丸山先生のクスリ絵は、目にいいとか、肝臓にいいとか、いろんな絵がありますが、たぶん肝臓なら肝臓の健康周波数が描かれているのだと思います。

臓器には健康周波数があると言われていて、その周波数からずれると病が引き起こされる。この原理を応用して、測定できるようにしたのがメタトロンです。

マナーズサウンドは、健康な臓器の周波数を患部に当てます。それによって見えない量子場領域でバランスをとろうとする。

だから、すべて量子場なのです。目に見えるものの背景には目に見えないものがあるのです。

身体は見えています。身体は具体化している個性です。でも、その裏には周波数とか、粒になっている量子があって、物理学でも、それが証明されています。

仕込めば、年を重ねることも楽しくなる！

その理論があり、技術があれば、人生はシフトできます。先ほどもお話ししましたが、シフトというのは、ボックスがどんどん上昇していくことです。

上昇すると、時間がそのあらわれの味方になります。

普通の人にとっては、年を重ねていくのは呪いです。でも、年をとると幸せになると自分に仕込んでいったら、年をとっていくことは自分の幸せがどんどん増えるわけですから、時間の経過は祝福に変わります。

そして、肉体を脱ぎ捨てるときが来たら、すばらしい人生だったと心から思ってこの世界を去ることができる。

それは、時の経過とともに幸せのエネルギーを積み立ててきたからできたことです。同時に、そうしたエネルギーを地球に残せば、この世への貢献度も高まります。

すると、年を重ねていくのは呪いではなくて、より良い人生、より良い成長をしていくための恩恵に変わっていきます。

そういう発想になったとき、人生に対する捉え方が変わります。幸せの濃度も高まっていって、人生が、より楽になっていきます。

時間が味方になるのです。これこそが、まさに量子場を活用した生き方です。

潜在意識下に仕込むと、不安が希望に変わる

より良い状態で、自分の人生を祝福しながら、感謝して、この世界を去って行く。こういう生き方こそ最高だと思いませんか。

この世界に生まれて、つらい、つらいと言って去るのは、せっかくいただいた命なのにもったいないと私は思います。

だから、潜在意識下に仕込むことです。そしたら、楽しくなります。不安から希望に変わります。

年をとって、記憶もどんどん薄れ、ひどい年のとり方になってしまうのかと思っ

たら、その不安を認めて解放して変容させていく。それで現実を変えていくのです。いろんなことが起こるけれども、「ワンライトメソッド®」をやってみると、どこかで大丈夫だという考えが出てきます。それは原因の世界から出てくるので、結果としてそうなるのです。

地球人のエネルギーパターンのひとつは肉体から去ること

ただ、地球人としての集合的無意識のエネルギーパターンのひとつは、誰もが肉体から必ず去るということです。

地球がどんどんシフトしていったら超えられるかもしれないけれども、これは宇宙の法則のような気もします。

ただ、いろんな形があります。映画にあるように、意識だけバーチャル空間に飛ばすとか、身体を脱ぎ捨てても意識はずっと生き続けると言う方もいます。

パラレルワールドだから、そういう世界もあるかもしれません。

ただ、肉体を持っているということは、この地球でも活用できることだと私は思っています。

身体と潜在意識はつながっていますし、潜在意識領域が現実体験の土台ですから、これは興味深いのではないでしょうか。

病を治すではなく、病が消える?!

先ほどお話しした丸山先生は、病を治すのではなくて、病が消えることがあるとおっしゃっています。

私の知り合いの娘さんが重度の花粉症になって、お母さんに言われて丸山先生のところに行ったそうです。

そして、戻ってきたら、症状を忘れてしまった。お母さんが「花粉症、どうなの？」と聞いたら「それ、何だっけ」と答えたそうです。

まさに病が消えたわけです。

丸山先生も病は消えることはあるとおっしゃっていました。それがシフトです。パラレルジャンプしているわけです。

誰にもそういうことが起こるかどうかはわかりません。それもその人の個性なのではないかと私は思います。

だから、みんなが同じように治ったり消えたりするわけじゃない。そうではなくて、常に起こっているのは、その人が選んだベストな出来事なんです。

「このクスリ絵を背中に貼って寝るといいですよ」

丸山先生のところでは重い病の治癒率も上がっていて、ある人はステージ4の重い病があり得ないぐらい縮小したという話を、先日も伺いました。

でも、縮小していっていると聞いたら、普通の医者はびっくりします。この人には先生が開発したジェルが効果を発揮したそうです。

そして丸山先生の治療では、「このクスリ絵を背中に貼って寝るといいですよ」

と言ったりもします。世間の常識からはだいぶ変わっていると思いますが、それで効果がある人もいるのです。

最近の丸山先生のブームは、彼が自分でつくった立体カバラです。これは生命の樹の立体版です。

それを頭の上と右と左、3か所に置くだけ。それで治療は終わりです。それで、病が改善する人もいるのです。

すべては波動共鳴によるもの

丸山先生の治療法は、「一見怪しいけれども、クスリ絵で、飲んでいる薬が一錠でも減って、病気が良くなればいいじゃないか」という考えです。

薬を完全否定して出さないということではありません。漢方薬も西洋の薬も出しています。それは病を治したいからです。

それも個性じゃないですか。その考え方が合う人、合わない人はいると思います。

私の考え方に触れた人たちは、自分に合わない人と会わなくなることをパラレッタと言ったりします。パラレッタというのは、パラレルワールドにジャンプして、あの人とはもう会わなくなったねという意味です。

類は友を呼ぶと言いますが、すべては波動共鳴なのです。だから、波長が合わない人とは会わなくなってしまうのです。これは良い悪いではありません。

パールズの「ゲシュタルトの祈り」

ゲシュタルト療法のフレデリック・パールズ[*4]は、自分の患者さんに、通称「ゲシュタルトの祈り」という言葉の処方箋を渡していたそうです。意訳ですが、「私は私の道を行く。あなたはあなたの道を行く。私とあなたが同じ道を行けばすばらしいことだ。そして、あなたと私が別々の道を行っても、それはそれですばらしいことだ」という詩です。

この詩を唱えるようにと神経症の患者さんに渡したら、神経症に対する効果があったと言われています。

重要なのは、自分の人生は自分だけが体験できるということです。だから、自分をもっと慈しんで、自分をもっと成長させていきます。

そういう選択肢を選んでいったときに、自分を取り巻く環境は変わっていきます。ずっと一緒に成長していく関係もあるでしょう。ただ、途中で、ちょっと波長が変わったら、私も成長していく、そしてあなたも別の道で成長していく。最終的にはみんなで成長して、いい地球になればいいねという生き方こそ、地球に貢献していくのではないかと思います。

それが本当の意味で個性を認めることです。

あなたは私のところにいないから嫌だとか、勝手にいなくなったからあなたは嫌いだではなくて、それは会わなくなっただけなのです。

個性を生きることで、それぞれが見せない世界において調和が生まれることで、この世界に調和がもたらされるというのが私の考え方です。

フラワーオブライフは神秘図形で調和の象徴だと言われています。○が調和の象徴、それがつながって大きな○になっている（Ｐ１１９の図を参照）。

神秘図形 フラワーオブライフ

フラワーオブライフを実現するには、一人ひとりの個人が自分の人生を生きること。あなたの個性、幸せ、歓び、成長を生きること。それが見えない世界でつながって、大調和へとシフトしていくのです。

広大な集合的無意識からエネルギーパターンが届いている

つまり、すべては自分なのです。自分というフィルターを通した出来事を体験するということがわかってくる。

同時に、自分の体験をより良くさせるためには、見えない世界、自分の潜在意識領域を整えていくことが重要になるということも見えてきます。

自分の潜在意識領域には、もっと広大な集合的無意識のエネルギーパターンからエネルギーが届いているのです。

それが理解できれば、すべては自分であり、自分を整えることで世界に貢献していけるということがこの世のからくりなのだとわかるようになります。

そして今ここを整えたら、時間が味方してくれるので、実際にそうなっていきます。そうすれば、もっともっと成長していこうと、シフトすることの意味が理解できるようになるのです。

賢人たちが語る「見えない世界」

見えない世界が土台だということは、これまでお話しした以外にもいろんな賢い方々が言ってきています。

デヴィッド・ボーム[*5]という物理学者は、明在系、暗在系という考え方を持っていて、明在系よりも暗在系のほうがものすごくエネルギーが大きいと言っています。顕在意識と潜在意識のバランスで言うと、どちらが良い悪いではないけれども、エネルギーの大きさとしては、顕在意識が10％以内で潜在意識が90％以上という話とすごく似ています。

最近の量子力学は、物理法則を研究しているのに、見えない世界が土台だと言っています。

集合的無意識の発見者と言われているユング[*6]も、かつて物理学者のパウリ[*7]と共同研究をしたりしていることと何らかの関係性があるのかもしれません。

また、カタカムナ[*8]においては、この世界のことを現象界と言っていて、現象界の土台は潜象界だと言っています。

潜象界というのは見えない世界です。確かにカタカムナのウタヒを使うと、肉体レベルで効果が出ます。

それはなぜか。原因は見えない世界にあるということです。

シェルドレイクの形態形成場理論

より良い世界をつくるために外の世界に対して働きかけることは、もちろんとても重要です。

しかし、見えない世界こそ見える世界の土台なのですから、そこを整えることで、世界をよりスピーディ、かつダイナミックに変えていこうというのが私の考えです。

形態形成場理論を唱えたルパート・シェルドレイク[*10]もその一人です。シェルドレイクは、見えない世界に、あるエネルギーの場が生まれれば、それはこの世界にあらわれると言っています。

ということは、世界平和を祈るとき、既に世界平和があるというエネルギーパターンを何万人もの方が見えない世界でつくれば、それは現実にあらわれる可能性が高くなるということです。

ですから、まず自分自身の見えないところを整えていく。何があろうと絶対に大丈夫だという感覚を自分の中に入れていく。

そうすることが世界貢献になっていくというのが私の考え方です。

禅の世界で語られる「身心脱落」

人はとらわれています。禅の世界では、とらわれを超えていくことを「身心脱落」と言います。

心と身体はひとつですから、心のこだわり、身体のこだわりを抜けていくことで人は成長していくということです。

それは誰でもできることです。ただ、顕在意識の理屈だけでは難しいので、先述した「ワンライトメソッド®」というテクニックをつくりました。

また私が主宰している『エンライトアンバサダーアカデミー®』の受講生の場合は、能力者ですから、人の支援も、支援してほしい方の許可をいただければできるという能力を授けています。

自分がどんどん高まって、周りもサポートしていければ、加速度的に世界が変わるお手伝いになると考えているからです。

その人の個性を生きていけばいい

量子場を活かしていく中で重要な考え方は、個性を尊重するということです。

前編でもお話ししましたが、この世界では、比較だったり、競合だったりが、潜在意識の中にすごく入れられています。

いわば、プロパガンダされている。ある意味では洗脳と言ってもいい世界です。

本当は人それぞれが個性を持っている。指紋は身体の一部ですが、同じ指紋の人は世界中で誰一人いません。それと同じように、一人ひとりには個性がある。

つまり、この世界で具体化していくときには、みんなオンリーワンなのです。

だから、その人の個性を生きていけばいい。その人の幸せを生きていけばいい。

その人の喜びを生きていけばいいのです。

古武術の究極は戦わないこと

それなのに、外から、「これはあなたの幸せだ」とか、「これがあなたの喜びだ」と言われて、そこにはまってしまったり、同じように競合してしまったりすると、あまり良いことはありません。

とにかく自分を活かしていくことです。

スポーツでも、最近、楽しんでやるという話がものすごく出てきています。競合する1対1の競技、例えば格闘技でも、自分を高めていくという考え方が出てきていませんか。

日本の古武術の究極は戦わないことだとも言われます。なぜなら、やり合うと、どっちも負ける可能性があるからです。それを抜けていく。

武術、つまり人を倒す技術は、日本の戦国時代とか、中国の戦いの時代に生まれています。

でも、それをずっとやっていくと、究極はそうした争いを抜けるのでしょう。お互いの個性を認め合うようになります。

ここで蹴りを入れたらパンチが返ってきて、パンチをさばいたらかかと落としが入ってとか、そんなやりとりの中で、これは相打ちかとなったとき、戦いを超えるのではないでしょうか。

ただ、その過程の中では、切磋琢磨していくというのはあってもいい。ボクシングであれフェンシングであれ、格闘競技の究極はそうなっていくのでしょう。

それを見ている人も、もしかしたらどこかで場を感じることがあるかもしれません。

WBCの栗山監督は見えない世界を整えていた?!

ワールドベースボールクラシックの監督をやられた栗山英樹[*11]さんは、見えない世界を整えたような気がします。

また甲子園での高校野球を見ていたら、ミスをした選手が笑っていて、エンジョイベースボールというか、ちょっと変わってきたなと感じました。

明らかなエラーがあったのに、その選手を責めない。

時代はシフトしてきていると思います。だからこそ逆に、今はネガティブな情報がいっぱい出ているのかもしれないとさえ思います。

ネガティブな情報が出ると、不安になったり、心が揺さぶられます。そのときは自分を整えるチャンスでもあるのです。

人間は目覚めていないという説もあります。ずっと眠っていたら、気づきにいかないわけです。

でも揺さぶられたら、気づきにいける。気づいたら、変容させることを選べるのです。

引き寄せの法則は、見えない世界を語ったもの

一時期、一世を風靡(ふうび)した「引き寄せの法則」。これは、見えない世界の波動との共鳴のことを言います。

見えない世界ですごくポジティブな感情を持っていると、そういう体験を引き寄せたりできるのです。

引き寄せの正体も、実は見えない世界にあったわけです。

見えない世界でポジティブなエネルギーを引き寄せたら、今度は同時に抽象的なところ、自分には引き寄せをする価値があるという情報をつくっていく必要があり

ます。

負の引き寄せが起こるメカニズム

深い部分にある抽象的なエネルギーパターンを通って体験しているという理論がわかると、どのように見えない世界を整えればいいのかもわかります。

もうひとつ重要なのは、ネガティブなエネルギーを解放しないまま、見えない世界で持っていると、それを体験させる出来事が起こってくるということです。

いわゆる、負を引き寄せるわけです。

だから、ネガティブなエネルギーは解放して、ポジティブなエネルギーをどんどん仕込んであげる。これが重要です。いわゆるデトックス＆アクティベーション（活性化）です。

嫌なことを隠すほど現実にあらわれる

波動共鳴というのは同志を引き寄せる法則なので、ネガティブなことを隠していると、それを体験してしまいます。

「二度あることは三度ある」と言われるのは、悪いことのほうが多いはずだからで、それを隠しているからです。

こんなことが起こったらイヤだ、そんなことを思わないようにしようと考えていると、何回も起こる。

だから気づいて、これは次のステージにシフトしようということだと思えばいいのです。

ただ、今まではそれを叶える技術がなかった。

「ただポジティブなことを考えていればいい」と言われても、それは結構難しい。

だから、理論をしっかり理解し、テクニックで整えれば良いのです。

ちなみに「ワンライトメソッド®」はこれまでいくつか発表していますので、私の著作を参考にしていただけると幸いです。

メソッドはどれも簡単にできるものです。決して危ないことはありません。基本は、ネガティブなエネルギーを解放すれば良いのです。そのとき、技をやることで人を呪ってしまうのではないかとか、それを言うことで引き寄せるのではないかと言う人もいますが、そういうことはまったくありません。

不安に陥れた大予言が外れるワケ

不安になっていると、それを引きつけると言いますが、本当にそうなのでしょうか。

例えば、皆さんを不安に陥れた大予言がかつてありました。そういう大予言は当たりましたか。

何ひとつ当たってないでしょう。あれによって、逆にネガティブなエネルギーが解放されたのです。

だから、ネガティブなことは、言えばいいのです。それで当たらなかったら、当たらないほうがいいじゃないですか。

ただ、その不安とか怖さで自分の行動が制限されるのは良くないから、テクニックを使ってネガティブなエネルギーを解放するということを私は提案しています。そこからまたポジティブを入れればいいのです。そうすると、人生がよりよくシフトしていきます。

これまで説明してきたように、それは見えない世界が原因だということです。潜在意識は、意識の中で言うと見えない世界です。

物理学で言うと、量子場というのは見えない世界です。今いるここは見える世界ですが、量子領域は見えません。

粒子とか原子とかの粒だったり、周波数という波ですから、目には見えません。そこを変えていくと、人生が変わっていくのです。

法則はエネルギーパターン。だから活用するに限る

これまでお話ししたことはひとつの法則です。こうした法則に乗ればいい。例えば、地球人は重力の法則に拘束されています。

つまり、そういうボックスの中にいると説明することもできます。

重力の法則があるということに気づいて、それを理解したから、今は飛行機とかヘリコプターとか、空を飛ぶ乗り物がいっぱいあります。

それらは重力という法則があることを前提につくっているわけです。

だから、法則を超えるのではなくて活用すればいい。私のテクニックも、この世界の集合意識レベルにある法則を使っているものがいくつかあります。

法則は、ある意味、エネルギーパターンのようなものです。そうしたパターンがあるのだから、それを使ったほうが早いし、楽なのです。

しかも、多くの人が当てはまる法則であればあるほど、潜在意識の深い部分から

入っていけます。

カタカムナというのも、すごく深い部分にある、恐らく集合意識レベルの法則です。

丸山先生は、クスリ絵を使って潜在意識のフィールドとつながることで治療して結果を出しています。たぶん見えない世界を活用していると思います。

逆に、電磁波とかはネガティブな影響を与えます。空間と潜在意識と身体はつながっているから、当然影響を受けるのです。

見えない世界こそ現実の土台

繰り返しになりますが、見えない世界こそ見える世界の土台だから、見えない世界を整えることで見える世界が変わるのです。

それが分離してしまっているから、見えない世界のスピリチュアルばかりやっている人はふわふわしているとか、現実感がないとか言われているのです。

なぜそういう人があらわれるか。それは、その人の潜在意識の中で、見えない世界が土台であるという理解がないからです。

そして自分はこの世界で見えない世界を変容させながら、より良い現実を生きていけるというエネルギーパターンもない。それがあれば変わっていきます。

「自分は非常に高いスピリチュアリティを持った宇宙人だから、地球は生きづらくてしようがない。でもそれが当たり前」

そんな考え方に染まってしまうと、人生が生きづらくなってしまうのです。

その辺を変えていくことで生きやすい人生にシフトすることが可能だと、私は思っています。

個性を尊重するということ

ただし、その場合はその人が気づいて決める必要があります。

「いや、そうは言っても、私はこの地球は嫌いだし、地球でつらい思いをする高貴な宇宙人の魂だからと決めているので、しようがない」

そういう選択肢を選ぶのも個性です。その人にとってそれが幸せであればそれで良いと思います。

周りの人が、それは違うと議論する必要もないと私は思っています。それが個性を認めるということではないでしょうか。

「だってそんなの無理」と顕在意識が言ってくる

修行して、この世界で輪廻転生を超えると言う人もいます。それもその人が決めることだから、私は尊重したいと思います。

でも、私は、この宇宙で成長する遊びをもう少し続けたいと思っています。これも個性です。

そこで、「あんた、変わっているね」とかお互いに言い合ってもしようがない。

自分の人生は自分で決められるのです。自分で選べる。でも、そんなことができるわけがないと、顕在意識は言ってきます。

なぜなら、「だって、そんなの無理」とか、「自分の思い通りに生きられるわけがない」とかいうエネルギーパターンが誰にもあって、無意識フィールドに入っているのですから。

だから顕在意識がそんな物言いをするのです。でも、すべては見えない世界。だからこそ、見えない世界を整えてみれば良いのです。

運命を選ぶのは、その人

インドには、運命は変わらない、それは神の意志なのだと、はっきりおっしゃる占星術師の方もいます。

でも、選ぶのは、その人なのです。私は、運命は変えられるということを選んでいます。

どっちが本当かはわからないけれども、その人の人生は１００％、その人自身の責任なのです。だから、選べばいいのです。

潜在意識は自由ですから、自分の人生はこういうふうに生きたいと選べるのです。

でも、顕在意識は理屈をこねるわけです。そんなことあるわけないだろうとか、誰がそんなことをやったのかとか……。

それ以外にも、そんな例があるのかとか、おまえにはそんな価値があるのかとか、いろいろ言い出すわけです。

より良い人生を生きようとするのであれば、今の潜在意識にあるエネルギーパターンが今の人生をつくっているわけですから、それを変えていこうということです。

人生の土台は見えない世界、潜在意識フィールド、量子場フィールドにあります。だから、より良い人生、より健やかな人生を生きていくためには、見えない世界をしっかり整えていきましょう。これが私の言いたいことです。

ネガティブとポジティブはセット

人生は成長していくものです。そして、ずっと良いことしか起こらないということはありません。

自分にとってネガティブな感情が出る、ポジティブな感情が出るということは必ず起こります。

ネガティブ、ポジティブは、人によって違います。ただ、このとき自分の感情がひとつの物差しになります。

ネガティブな感情が出たらイヤですが、起こったことは結果です。それに対してエネルギーは動いているので、ネガティブな感情を使って解放すれば良いのです。解放すると楽になる。楽になったら、ポジティブなエネルギーを仕込みやすくなります。

とはいえ、精神的にとてもひどい状態になっているのに、自己暗示で「私はとても幸せだと言え」と言われても言えないと思います。

でも、自分がネガティブな感情にとらわれているところから外れていったとき、「私は幸せだと言えた」と心から思えるようになる。

だから、ネガティブとポジティブはセットなのです。

ボックスから抜けると、人生の可能性が広がっていく

そうすると、何が起こるのか。とらわれのボックスから抜けて、もっと広いボックスに入っていけます。すると、自分の人生の可能性が広がっていくのです。

さらに同時に柔軟性が出てくるというか、ネガティブな経験に関する対応力も強くなっていきます。

それがどんどん上がっていくと、さらにいろんなとらわれから抜けていけるようになる。

すると、自分にとって良いことも悪いことも、ネガティブなこともポジティブな

ことも、すべて成長の糧になり、より良い人生を歩んでいく時、すべてが恩恵に変わっていくのです。

これが見えない世界を整えていく人生のつくり方だと私は思います。

人生を経験しているのは誰ですか？

これまで、名だたる哲学者や賢人たち、宗教家は皆、人生を幸せに生きましょうと言ってきました。

ただ、そこには結果の出る技術がなかった。そのため精神論で終わったり、時として誤った考え方を入れ込んでしまったりしがちでした。

この本では、人生を経験しているのは誰ですか、それはあなたでしょうということを、これまで何度も投げかけてきました。

そう、あなたの人生はあなただけが経験し、あなただけが味わえるものです。

あなたの個性を使って、あなただけが成長できる。そんなメッセージを私は改めてお送りしたいと思います。

第3章のまとめ　量子場を語る上で外せない「用語&人物」集

ここでは、第1〜3章で、量子場を語る上で外せない用語と人物について簡単にまとめています。それぞれのワードには簡単な意味と掲載ページを収録しました。さらに詳しく知りたい方は、ネットや関連書籍を確認してみることをお勧めします。

＊1　アプライド・キネシオロジー（P76）
筋肉の強度を触診することにより、病状を診断し、治療法を選択できる代替医療の診断手法のこと。ジョージ・グッドハート（カイロプラクター）がカイロプラクティックの考え方をベースに、経絡などの中国医学の概念などを取り入れて、1964年に考案した。

＊2　フロイト（P105）
正式名は、ジークムント・フロイト。1856年～1939年。オーストリア出身。心理学者、精神科医。神経病理学者を経て精神科医となる。その後、神経症研究、自由連想法、無意識などの研究を行った。精神分析学の創始者として有名。心理性的発達理論、リビドー論、幼児性欲などの心理学の学説を発表した。

＊3　丸山修寛（P109）
医学博士。1958年、兵庫県生まれ。医療法人社団　丸山アレルギークリニック院長。西洋医学はもちろん東洋医学に加え、電磁波除去療法、波動や高次元医療などを研究し、見る・触れることで不調をケアする〝クスリ絵〟を開発。著書・監修書は、『魔法みたいな奇跡の言葉　カタカムナ』（静風社）、『クスリ絵　体と心の不調を治す神聖幾何学とカタカムナ』（ビオ・マガジン）、『神代文字とインナーチャイルド』（ヒカルランド・共著）など多数。

＊4　フレデリック・パールズ（P117）
正式名称は、フレデリック・サロモン・パールズ。1893年〜1970年。ドイツ出身。ドイツ系ユダヤ人の精神科医、精神分析医。後に「ゲシュタルト療法」という心理学理論および心理療法の一学派を創設する。パールズの「ゲシュタルト療法」は、カール・ロジャースの「来談者中心療法」や、近年の神経言語プログラミング（NLP）の発展にも寄与している。

＊5　デヴィッド・ボーム（P121）
正式名称は、デヴィッド・ジョーゼフ・ボーム。1917年〜1992年。アメリカ出身。理論物理学者。ロンドン大学バークベックカレッジ教授。オッペンハイマーらと研究を共にし、量子力学の発展に寄与した。哲学、神経心理学にも精通し、マンハッタン計画に大きな影響を及ぼしたと言われる。

＊6　ユング（P122）

正式名称は、カール・グスタフ・ユング。1875年〜1961年。スイス出身。精神科医・心理学者。バーゼル大学で医学を学び、ゲーテやカント、ニーチェなどの影響を受け、心理学の道へ。ブロイラーに師事して深層心理について研究する。その後、分析心理学を創始した。現代ユング派臨床心理学の基礎を築き上げた。

＊7　パウリ（P122）
正式名称は、ヴォルフガング・エルンスト・パウリ。1900年〜1958年。オーストリア出身。理論物理学者。自身の大学入学前に、一般相対性理論に関する論文を、また21歳で「相対性理論」を著して名声を博す。その後、研究対象を量子力学に移し、1924年、「パウリの原理」を発見し、ノーベル物理学賞が授与された。その他にも「スピンの理論」や「パウリの排他律」の発見など、現代物理学の基礎を構築した業績でも知られる。

＊8　カタカムナ（P122）

正式には、カタカムナ文献と言う。「カタカムナ神社」のご神体とされた書物。成立年代不明。原本の所在も不明。戦後、楢崎皐月（ならさきこうげつ）が、自らの手による写本を突然発表し、世に存在が知られるようになった。独自の文字による古史古伝のひとつで、古代日本の科学技術や哲学を記した書として知られる。別名『カタカムナノウタヒ』、『カタカムナウタヒ』。

＊10　ルパート・シェルドレイク（Ｐ１２３）

正式名称は、アルフレッド・ルパート・シェルドレイク。１９４２年生まれ。イギリス出身。生化学博士。１９６７年～１９７３年、ケンブリッジ大学で生化学と細胞生物学の研究員・講師を務め、植物発生学や細胞老化に関する研究に寄与。一方で、予知能力、テレパシーなど、超常的なテーマの実証的研究でも知られ、「形態形成場仮説」を提唱。ニューエイジ作家としても評されている。

＊11　栗山英樹（Ｐ１２７）

１９６１年生まれ。東京都出身。１９８４年、ドラフト外でヤクルトに入団。独特な打撃センスと鉄壁の外野守備で３年目からレギュラーに。１９８９年にはゴールデングラブ賞を獲得。１９９０年に現役引退後は野球解説者として活躍。２０１２年から北海道日本ハムの監督に就任し、１年目から優勝に導く。２０１６年にはチームを10年ぶりの日本一に導いた。２０２１年から２０２３年まで、侍ジャパンの監督に就任。

実践者に聞く！
結果を変えるための見えない世界の活用法

後編

個性豊かなゲストにインタビュー

今回インタビューする三人は、私が主宰する『エンライトアンバサダーアカデミー®』に関係している人たち（エンライトアンバサダー®）です。

三人には、それぞれの経験をお話しいただきます。一言で言ってしまえば、経験こそ、本当は宝なのです。

今回の三人は、医療に従事する医師、ぬいぐるみメーカーの経営者、波動機器のセラピストという三者三様、個性に富んだゲストたちです。

この本の後編では、「見える世界で結果を出すには、見えない世界こそ重要」をテーマに、この三人の経験をお聞きしてみようと思います。

見えない世界とどう付き合うか？　そのヒント

後編の構成は、私が三人の方それぞれに質問を投げかける対談形式でまとめています。

この対談からは、すでに光一理論を実践している人は、こんな形で結果が出ているんだななど、読んでくださる方のヒントになればと考え、登場された三人にご協力いただいております。

ドクターにはドクターにしかわからない世界もありますし、ぬいぐるみメーカーの経営者にはその人にしかわからない世界があります。もちろん、オペレーターもそうです。

彼らが、見えない世界とどう付き合い、見える世界＝結果をどう変えているのか。そうした部分を楽しみながら感じてみてください。

個人的無意識の下にあるグループ意識

ちなみに今回、三人にお話をお聞きしたのには、もうひとつ理由があります。それは三人集まると、そこに「グループ意識」が生まれるからです。

一人を点とした場合、二人だと線になり、三人になると面になります。面は空間を構成する最低要素です。

つまり三人以上の人が集まると、そこに空間を共有することができる。そしてこのとき同時に見せない世界では、グループエネルギーが生まれるのです。

このグループエネルギーを整えて、各人の潜在意識が変容すると、現実の変化がパワフルになってきます。

潜在意識（＝無意識）を大きく分けると、まず個人的無意識があり、次いでグループ無意識があり、集合的無意識があります。

正確にはもっと多層的で、細かくはなってきます。その辺りは他の書籍に記載していますから、本書の話と合わせるとよりわかりやすくなるのではと思います。

では、ここから対談編がスタートします！　三人三様の体験を通して、あなたの潜在意識をどう整えるかのヒントにしてみていただけたら、こんなに嬉しいことはありません。

実践者との対談①

光一×島倉秀也

島倉秀也 Shimakura Shuya

1957年生まれ。東京都出身。医学博士。筑波大学医学専門学群卒業、同大学院へ。その後、病院勤務を経て、ミシガン大学留学。帰国後、前妻の病気を機に、医学研究者、教育者の道を諦め、臨床医として生きることを決意。茨城県牛久市、つくば市、下妻市内の病院の内科部長、副院長、院長を歴任した後、2009年、茨城県龍ケ崎市に医療法人社団健幸福会　龍ヶ崎大徳ヘルシークリニックを開業。現在は、同クリニックの理事長兼院長として、潜在意識、言葉の力と心の力の活用法を取り入れた医療を実践している。

チベットツアーにてはじめて光一氏を知る

光一　最初に、自己紹介を簡単にお願いします。

島倉　私は、昭和57年に筑波大学の医学専門学群を卒業して医者になりましたが、そのまま普通に臨床の場に行かずに、大学院でさらに4年間、消化器病学を勉強しました。消化器内視鏡のスペシャリストです。これまでに3万件以上の内視鏡検査をしました。

現在は、茨城県の龍ケ崎市というところで内科のクリニック、龍ヶ崎大徳ヘルシークリニックを経営しております。

2019年の夏前に、10月に開催されるチベット・ネパールのスピリチュアルゾーンへのツアーがあると友人から誘われて、その説明会に行ったときにはじめて光一さんと出会いました。

当たり前ですが、はじめは光一さんがどういう方かわかりませんでした。お話でスピ系のセミナーをやられていることをお聞きし、まずはそれに出てみようかなと。それでヒカルランドが主催しているセミナーに参加して、そこから〝はまって〟しまったのですね。

チベットツアーにご一緒していろんなことを体験させていただきました。それでさらに興味を持ち、光一さんがヒカルランド主催でやっておられた『陰陽統合エネルギースクール』に2期生として入りました。

その後、『エンライトアンバサダーアカデミー®』で、初伝、中伝、奥伝とやってマスターになりました。

内科医でありながら、エネルギーワーカー

島倉　私の生業は基本的には内科医で、通常の臨床をやっています。一方で、「心で治すガン治療プログラム®」というものを立ち上げて、なかなか治りにくいガンの方々が改善に向かうお手伝いをさせていただこうということも一緒にやっていま

す。

当然、光一さんのところで習得したテクニックを使わせてもらって、誤解されることを嫌うため、ごく一部の人を対象に潜在意識に深く介入していくという、恐らくほかのドクターはやってない治療術をやっています。

光一　いわゆる医師であり、エネルギーワーカーでもあるのですね。

島倉　はい。

意識ひとつで治療率がもっと上がる

光一　今、潜在意識というお話もありましたけれども、普通のお医者さんでは目をつけないところに目をつけられたと思うのですね。

島倉さんからお医者さんたちに、もっと治療率を上げるためにこういうことをやられたらいいかがですかという提案がございますか？

島倉　まず、患者さんに対する否定的な感情を捨てていただきたいですね。目の前にいる方を見た瞬間に、その状態と病名で判断して、「これはもうダメだ、治らない」と思ってしまう先生が結構おられるのですよ。

なぜかというと、実は専門家ほど悲惨な状態や悪い結末をいっぱい見ているのですね。それが思い浮かんでしまうから、そういう発言を軽くしてしまう先生が多いのです。

脳梗塞で倒れた自身の父に後輩医師が言った言葉

島倉　エネルギー的な観点で言うと、その瞬間から、治らないようにエネルギーの方向が向いてしまいます。なので、僕は可能な限りそういう言葉は口に出さないようにしています。

「治らないかもしれないけれども」の次に、ネガティブではなくてポジティブな話に持っていくのです。他のドクターの方々も、できれば肯定的な、その人にとってプラスになるような話をすべきだと思いますね。

実際にこういうことがありました。私の父が脳梗塞になって、言葉がしゃべれなくなって、右足も麻痺して普通に歩けなくなってしまいました。

実は最初はそんなにひどい状態ではなかったのですが、父を診てもらった私の後輩のドクターが、先々どうなるかということをポロッと父に言ったのです。「そのうち手がまったく動かなくなって」「身体もまったく動けなくなる」と。まだそんな症状がない状態でした。そうしたらやがて、まさにその通りになってしまいました。

医者の無意識領域のエネルギーが患者を左右する

もちろん後輩に悪気があったわけではありません。ただ、医者がそう言ってしまうと、エネルギーが動いて現実がそうなってしまうのですね。

それを何とかする方法を、まず考えなきゃいけないのではないか。少なくとも不用意に最悪の結末を言葉に出してはいけないのではないかと、私はそのときに感じました。

光一　言葉では「一緒に頑張りましょう」と言う先生方も多いと思うのですよ。ただ、いろんな症例を診られている専門家の先生ほど、無意識領域でこれはもうダメだと思っているとしたら、その意識が患者さんに伝わり、現実を変えてしまうのですよね。

島倉　その可能性は高いと思います。元気づける言葉を言わないドクターはいないと思いますが、心の内の深いところで、やってもうまくいかないよとか、ダメだというのが、恐らくあるのですね。

でも、何とかしたいという気持ちを持っているドクターが基本的には多いはずなので、そっちのほうを強く思うべきなのじゃないかなと思います。

潜在意識を学ぶと、治療率が上がる⁉

光一　無意識とか潜在意識の働きというところを学ぶと、治療率が上がっていく可能性があると、お考えですね。

島倉　はい。例えば、その患者さんが潜在意識にネガティブなパターンを持っていたとしたら、「それを積極的に変えていく」ということをするべきだと思いますね。

あと、これは真面目な人ほど陥りやすいのですが、病気は学びだと思っている人がいるのですね。固定観念というか、〝病気を経験することによって自分は成長する〟という考え方です。

それは言葉で思っているだけではなくて、深い意識の中で、病気を経験して自分は成長していくのだ、学ぶのだと思っていたりする。

光一　潜在意識の中ですね。

島倉　はい。でも、それは治療の邪魔になるのです。そして、これは真面目な人ほど陥りやすい罠でもあります。せっかく病気が治っても、また違う病気を持ってくるわけです。

光一　「学びだから」ですよね。

病は、自分の潜在意識が身体にあらわれたもの

島倉　はい、だから、患者さんでそれを感じられる人には、〝病気は学びだ〟という思いを捨てなさいと僕は言っています。

でも、その言葉を聞くと、最初はみんな反発するのです。〝病気は学びだ〟と、いろんな本に書いてあるからと。

実際、ガンサバイバーの人なんかが、「いい学びになりました」と書いてあるわけです。

そうすると、その人が再発するかどうかはわからないけど、いつかまた病気を背負い込んでくる可能性はありますよね。だから、「もうそれで完了した」というのをつけ加えるべきだと思います。

光一　病というのは潜在意識の情報が身体にあらわれたわけじゃないですか。起こったことに関してどういうふうに捉えていくか。その考え方が、再発防止につなが

っていく可能性があるかと思います。

島倉　あと、病気自体も、その人の中にある思い（思考）や感情といってもいいかと思いますが、それが外に出てきたという考え方も当然あるわけです。

それは人によってあらわれるところが違うわけですね。例えば、昔から漢方でも、〝怒りの感情〟は肝臓を痛めるとか言われています。つまり、病は感情の影響を受けてくる。

光一　そうですね。実際、エネルギーワーカーは、臓器の感情が読めますから、そうした意味でも能力を利用できますよね。

思いが健康にばかりいくのもよくない

光一　先生のご著書の『がんを治す心のスイッチ』も、見えない世界、心というところを重視されていますね。

島倉　はい、そうです。

光一　それは、ご自分の医師としての経験から書かれた著作ということですよね。

島倉　そうなのです。

光一　今回の本では、いわゆる量子場、潜在意識領域が、より良い人生を生きるために は必要だと私はお伝えしています。

先生は、量子場や潜在意識領域についてどのようにお考えですか。

島倉　私も、量子場がより良い人生を生きるために必要だと思います。自著の中でそのことに触れていますよ。まったく同感ですね。

ちなみに経験上、思い（思考）があまり健康ばかりにいくのもよろしくないと思います。執着になるからです。

光一　強い執着はエネルギーの循環を滞らせますからね。

「治そう」の発想は、病の存在を認めている証拠

島倉　実は私、２０２０年にコロナにかかったのですよ。もう高齢者（笑）で、Ｂ

ＭＩ（ボディマス指数）も高めなので、高熱は出なかったけれども、レントゲン写真でわずかに影が見られるなどして、入院加療の条件を満たしてしまった結果、入院しなきゃいけないことになってしまいました。

元気なのに無理やり入院させられたのです。それまではそんなに熱なんか出ていなかったのに、コロナ病棟に入った途端に具合が悪くなってしまって。

私は今までいわゆるスピ系のいろんなエネルギーの勉強をしてきたので、そのとき自分自身に神様を降ろして治すという古神道の秘技をやったのです。

でも本来なら効いていいはずなのに、スムーズにいかなかったのですよ。そこで、光一さんのところに電話連絡させてもらったのです。「これはどうしたらいいか」ということで。

そのとき光一さんからは、こんなことを言われました。「そこに強い執着があって、自分がその病気を受け入れていないのでは？」と。

そこで、まず病気を根本的に、否定するのではなく受け入れるというところから始めて、安静を保った。すると、そこからは普通に回復していきました。

光一　しかも、先生はエネルギーワーカーですから、潜在意識に介入することができる。原因の世界で「病よ治れ」と言ったら、その病はあらわれてくるのです。

島倉　そこがすごく大事なポイントです。治そう、治そうとしても、治す対象がないと治そうとは思わないわけです。

だから、自分が、一生懸命治そうとすることは、自分が病気なのだという自覚の裏返しなのでね。

「自分が治してやるのだ」では、病は治らない

光一　ドクターですから、肉体レベルの治療は大切ですが、見えない世界というのは、そこはまた違ったアプローチになりますからね。

島倉　光一さんがよくおっしゃるのですが、ヒーラーはヒーリングをするのだから、自分が治してやるのだぞと言ったら、目の前に治される対象（ヒーリー）が出てくるのだという考え方ですよね。

知遇を受けお付き合いしている仙台・丸山アレルギークリニックの丸山先生もそ

ういう話をよくされます。患者さんを自分が治してやるのだというと、治してやるべき患者さんがそこにいるのだから、病気を持ったままの患者さんがいつまでもそこにいることになります。極論すると、そういう意識では治るものも治らないということになります。

治してやるというのは、治す対象として接してしまいます。そういう気持ちじゃなくて、やること（治療）をやったのだからあとは「自然とよくなるでしょう」ぐらいの気持ちのほうがいいのだと思いますね。

光一　ドクターがクライアントと接するときの立ち位置というか、心の持ち方がすごく重要だということですね。

島倉　そう思います。目の前の人を何とかしたいという気持ちは、恐らくどのドクターでも持つはずです。

でもそのとき心の内でどう思うか。この治療をやっても結局こうなっちゃうんだよねみたいな、最悪のことを思い浮かべて診療するのは本当によくない。

そうじゃなくて、「常に朗らかでいなさい、そうすれば良くなりますよ」という気持ちでいるのがすごく大事じゃないかと思います。

そうでないと、なかなか良くなってくれないですね。逆にこっちが、エッ、良くなっちゃったのと思うぐらいが、自然と治るパターンじゃないかなと思います。

自分の感情やネガティブを変えることで病が消える！

光一　ちょっと医療的な話を伺いたいのですが、私どもの仲間でアカデミーの初伝を修了しているヒーラーさんがいらっしゃいます。

その方の親戚が重い病気になられた。ところがその病気が消えるということがありました（第1章を参照）。最近は、お兄さんも重い病気にかかられましたが、同じように消えたのだそうです。

そのときどうやったかというと、ご本人いわく、ヒーリングをする前に自分自身を整えたと言っているのです。

不安だったり、心配したり、何とかしなきゃと思っている自分のネガティブな感情を整えた。それを徹底してやられたということです。

島倉　自分を整えるということですね。特に肉親の具合が悪くなったときには、自分が持つ悲しみであったり、いろんなネガティブな感情が生まれやすいものです。
それを「かへ」（詳しくは第2章の「まとめ」を参照）って、ポジティブに変えていく。人を変えるのではなくて、あくまでも自分の思いとか感情を変えていくことで効果が上がるということですね。

骨が露出していた瀕死のナマズが生き返る⁈

光一　先生もそんなご経験がありますか？
島倉　はい。一番びっくりしたのは、私が飼っているレッドテールキャットというナマズの話です。
大事に飼っていたのに水の具合が悪かったのか、ある日、プカプカ浮いていて瀕死の状態になっていたのですね。
それに対して私は、大事にしていた魚が死んでしまうと思う自分のネガティブな感情、悲しいとか悔しいとかいう思いを、自分で変えた（光一用語で「か減った」）のです。そうしたら、半分腐りかけて、ヒレの骨が露出していたくらい、瀕死だったナマズが生き返って、胸をなで下ろしたことがあります。

治してくださいという頼り、すがりは治療の妨げになる

光一　心の世界を知っているドクターから、患者さんの心の持ち方が重要だという話をよく聞きます。

例えば、依存というか、「治してください」と頼るのはあまり良くない。逆に、自分で治す気持ちを持って、「サポートをお願いします」というクライアントさんのほうが経過が良いと聞いたことがあります。

島倉　そういうことはありますね。何かあったら人にやってもらおうという感覚、要するに、治してくださいという頼り、すがりは、治療の妨げになると思います。というのは、また同じような頼り、すがりをつくることになるからです。本来な

ら自己完結すべきところを、「あの先生のところに行かなきゃダメ」みたいな感じになってしまう。

治療効率を上げる云々じゃなくて、いわゆる営業的にお客さんをたくさん集めようと思ったら、頼り、すがりの人をいっぱい集めたほうがいいわけです。

でも、私はそれでは本質的な意味で、患者さんのためにはならないと思っています。なので、患者さんには、はじめにこう話すのですよ。

「先生に良くしてもらおうじゃなくて、自分で良くなろうという気持ちが大事ですよ。だから、私はお手伝いしますが、治る（治す）のは自分ですから」。そこを理解いただくことが大事だと思っています。

ぶっきらぼうで上手い医者と、寄り添い型で下手な医者

光一　先ほどのお話は、お医者さんのところに行かれる方が、どういう気持ちでドクターに診てもらうか、あるいは、どういうドクターを選んでいくかということの

参考になるかもしれませんね。

島倉　でも、医者選びの正解はわからないですよね。便利な場所にあるとか、ニコニコしている先生のところに行くとかね。

我々の業界でもあるのですよ。人当たりはいいけど腕はちょっと……みたいなね（笑）。結局、腕とは関係なく、患者さんに人気がある人はいるのですよ。

極端なことを言うと、外科の先生は本当に技だから、上手い下手はどうしても実績としてあらわれてくるのです。

だから、これも極端な話、ぶっきらぼうだけど、いい手術をする先生と、非常に人当たりがよくて、何かあったらすぐ患者さんのところに行くとか、患者さんに寄り添うタイプで本当にいい先生だけど、専門家から見ると腕はそこまでではないという人がいる。

往々にして、この二者がいたとき、患者さんは人当たりのいい先生のほうに「命を預けます」と言ってしまう。

でも、私だったら、上手い先生に手術していただくな、みたいな。あ、これはちょっとヤバイ話ですかね（笑）。

厳しさは、諸刃の剣となることもある

光一　先生のお考えは、「私はお手伝いする人ですよ」というのが、より響くのかなということでしたからね。

どんな先生を選ぶかは、この対談を聞いている方、それぞれだと思うのですけれども。

島倉　できれば、私はそんないろんな方々に対応していけたらとも思っています。厳しく言わなきゃいけない人もいれば、ただただ優しく声がけしたほうがいいという人もいるわけですね。

厳しいことを言われると、患者さんはいろいろ感じるわけです。でも、その人を憎かったりして厳しいことを言っているわけじゃないのですね。

ただ、その厳しさは、これはダメになるぞとかネガティブな話じゃなくて、これをこうしたほうが良くなりますよとかね。

なかなかやめられないことをずっと続けられている方には、多少厳しく話したほうがその人のためになると思ったら、厳しく話をします。

でも、それは往々にして諸刃の剣なのです。あそこに行ったら高飛車に上から目線？　で言われたとか、Googleのレビューに星1個つけて「行かないほうがいい」みたいな批判的なことを書いてくる人がいますからね（笑）。勝手な思いをされて星1個つける。一方的に書かれた方は、はっきりいってサンドバッグ状態ですよ。経営者としては、星1個というのは大変厳しいことなのですからね。

深いところにあるネガティブを変えることで健康になる

光一　ところで私たちの共通の知り合いの丸山先生は、常に進化されていますよね。この間も、「神様が、ガンは治るんやでと言ってるよ。だから、ガンは治るんやという思いで、僕は今、治療に当たっている」とおっしゃっていたのですね。

島倉　私もそう思っています。治るという前提でやっています。

ある目標なり何なりは途中で出てきたものであって、病気を乗り越えるというのは中間地点だから。自分が人生を送っていく中の、あるポイントに過ぎない。

本当はその先にある自分がやりたいところにセットポイントというか目標を常に置いて、その途中でたまたまガンになっちゃったくらいの気持ちの方がいい。

だから、本来の自分がやりたい目標に向かっていけば、病気は良くなっていくもので、ガンは消えていくと強く思うのですね。

なので、患者さんには「自分が良くなった後、社会的にこんなことをやるのだというところに目標を常に置きましょう」という話もするのです。

何をやりたいのか。病気になるために生まれてきた人は恐らくいないでしょう。たまたま病気になっちゃったのかもしれないし。

病気というのは、生活習慣に問題があったりもしますが、一方でネガティブなことがいっぱいあって、中のものが外に出てきて発症することもある。

つまり特に後者は、自分から出たものだから、自分で何とかできるはずだという考え方もあると思います。だから考え方次第で、きっと良くなるはずなのです。

光一　当たり前ですが、人は起こったこと、結果に翻弄されるじゃないですか。でも、それが起こった原因は見えない世界にあるというのが、今回の本のひとつのテーマなのですね。

島倉　恐らく深いところにあるネガティブな感情の結果、物質的にいろんなものが出てくるから、もうちょっと深いところでそういった感情なり、意識なりを変えていくことで、当然、健康のほうに向かうのではないかと思います。そして我々にはその方法論がある。

実際、そういうふうにみんなが思えば、健康な人の集まりができるのではないでしょうか。

2022年、自身が胃ガンを発症する

光一　先生はガンになった経験をお持ちですね。

島倉　2022年に、自分の専門とする胃ガンになりました。

光一　エネルギーフィールドの話をすると、そうした事例をよく耳にします。専門

医の方が専門分野の病にかかってしまうという。

島倉　患者さんからネガティブなエネルギーを受けたのではないかとか、いろんな言い方をされる方がいますよね。

うちは、祖父、曾祖父が、その系統だったみたいです。医学的見地で言えば、縦の系列で流れてきたものと、自分の生活習慣が関係して発症したわけです。

あとは、これは言っていいかどうかわからないけれども、どうしてもネガティブな波動なりエネルギーに接しなければいけない職業だからということも関係していると思います。

実際、私の師匠は、消化器ガンの専門家で最終的には食道ガンで亡くなりました。あと、僕を指導してくださった内視鏡の先生も胃ガンになって、残念ながら助からなかった。

ちゃんと検査もして、いろいろやっていたのですけど、いろんな症状が出たときには、もうかなり進行した状態だったのです。

病気はひとつのプロセスでしかない

光一　先生は先ほどのお話で、病気はひとつのプロセスでしかないとおっしゃっていました。

ならばその発想で言えば、治療したことは、その胃ガンというプロセスを超えたという表現ができるわけですね。

島倉　そうですね。だから、自分の胃ガンなり何なりは、もう超えたと自分では思っているのです。

スピリチュアル系のことも好きでやっているものだから、私が病気だと、いろんな人が心配して、「先生、病気になったのですか？　エネルギーを送りましょう」って。

光一　それよりも、ご自身でご自身を整えたことのほうが効果が大きいわけですよね。

島倉　そうですね。だから、診断を受けたときも、不思議とネガティブな感情が湧いてこなかったのです。

それよりも、さっさと治して日常生活に戻るには、どうすればいいかなというほうに意識が向きました。

結局、入院は1週間でした。しかも、先輩の病院で、後輩が僕の治療をやってくれたのです。実は、無理を言って年末年始に入院しました。

そういう治療は誰も年末なんかにはやりたくないですからね。でも、私の場合は「関係者」ということでその辺を大目に見てもらえました。

しかも、おかげさまで、年末年始を病院で過ごすという貴重な体験をさせていただきましたし（笑）。

そうしたことで、自分のクリニックの診療に一度も穴をあけることがなかったのですね。早く退院できたから、保険屋さんが喜んじゃう結果でしたね（笑）。

光一　まさに自分を整えて、ネガティブがポジティブに変化したわけですね（笑）。

島倉　ちなみに保険屋さんから入ってきたお金で、光一さんのアカデミー受講の費用が捻出されたというおまけ付きです（笑）。

光一　人間万事塞翁（さいおう）が馬と言いますね。ひとつの事象は結果じゃないですか。結果をどう捉えていくかということで、人生がどっちの方向に行くのかが決まるような気がするのですね。

ただ、その前に深い部分に仕込んでおけば、すべてが、自分の魂がやりたいことを実現していく人生になるのかなと、最近は考えています。

老化は病気だから、予防なり改善することができる

光一　老化に関して、医療従事者としての先生の考え方をお聞かせいただけますか。

島倉　最近は、老化は病気だと捉えるようになっています。病気だから、治る（笑）。老化は防げないものじゃなくて、予防なり改善することができるという考え方になってきているのです。

見た目年齢の話がよくありますが、そういう方法論があって、いわゆる「アンチエイジング」とか「リバースエイジング」と呼ばれていることを実際にやっている

方々もいるわけですよ。もちろん保険診療じゃないですけどね。

光一　そういう話が見える世界に出てきているということは、見えない世界、潜在意識領域が変容しつつあるという、あらわれでもありますね。

島倉　私もその可能性が高いと思います。集合意識レベルでみんながそういうふうに思うようになってきているわけですから。

ということは、もう十分変わっていくのではないかなという気がしますね。それこそ今まで話題に上らなかったことが、みんながそういうふうに思うようになった。すると、社会の中で集合的無意識が変わるわけです。

だから、我々も、120歳を超えて、さらにその上の寿命を目指すときに来ているのかもしれないですね。集合的無意識のレベルでそれが変わっていく。

〝ブラッド・ピットなんて明らかに若い！〟

島倉　あるいは、〝老いることは必ずしも悪いことではない〟という価値観の変化かもしれません。

もしかしたら肉体は衰えるかもしれないけれども、もっと別の質的な部分で成長するという意味でエイジングに価値が出てくるとか。

今、いろいろな方法論が世の中に出てきています。もちろん中にはお金が結構かかるものもあるので、みんながみんなやれることではないですが、そういう萌芽が出てきていることは間違いありません。

ブラッド・ピットなんて、明らかに若いですよね。同じ年齢の人より全然老けて見えない。だから、彼も何かやっているはずなのですよ（幹細胞培養上清液の点滴とかね）。


光一　私たちエネルギーワーカーの観点で言えば、見えない世界、潜在意識領域で年齢に対してどう考えているかということかもしれませんね。

年をとっていくことに対して我々はどのように感じているのか、どのようなエネルギーパターンになっているのか、どのような信念体系を持っているのか。

この辺を一人ひとりが整えていくことができていけば、またそういう人が増えれば、確実にエイジングということに対する場が変わると思うのですね。

島倉　そうですね。そういう人が増えてくればくるほど、当然、場が変わる。その集合的な無意識レベルが、そういう形になってくるのではないかと思いますよ。

年齢を超える――「ビヨンド・エイジング」

光一　そうすると、年をとっていくことは、今はイヤがる人が多いけれども、楽しみになってくる人も増えてきたりするようになる。

また年をとることは体験とか経験を積んでいくことでもあるので、後輩たちに、見えない世界でいいものを出していくこともできるわけです。

見える世界で体験を語っていけるということも、ひとつの価値でしょうからね。

島倉　光一さんが提唱されている「ビヨンド・エイジング」ですね。まさに年齢を超えてということ。

逆に、エイジングというとらわれの気持ちをなくす、ということではないかなとも思うのです。

光一　その辺が、島倉先生がドクターとして、そしてエネルギーワーカーとして、ある意味、本当に世界に貢献していただけるような考え方じゃないかと思います。

島倉　ぜひそういう形で。若くて元気なほうがいいですから（笑）。

光一　先生は、実年齢よりも若くて十分元気ですけどね（笑）。

実年齢がわからなくなるのは、エネルギーが変容している証拠

島倉　実は、対談収録の今日も、朝、茨城県石岡市の倫理法人会のモーニングセミナーで講話をしてきたのです。

はじめて私を見る聴衆の方もいるのですけど、ある人は私のことを、自分よりも10歳ぐらい若いんじゃないかと思ったと言うわけです。でも、実際は僕のほうが10歳年上だった（笑）。

光一　だから、今は実年齢では判断できない時代になってきたのですよね。それは見えない世界が変容しているからだと思うのです。

ですから、個人も、原因の世界を変えていくことで、結果という現実が変わる。つまり先生ご自身が若くて、先生のところにいらっしゃる患者さんも無意識領域が変わり、場がどんどん変わっていけば、より良い治療効果が生まれてくるのではと思います。

丸山先生も、最近は治療率が上がったという話をされています。私もデータを見せてもらいましたが、重い病気が縮小しているのです。

島倉　丸山先生は、お父さん、お母さんに対して感謝の気持ちを捧げるみたいなことを患者さんにさせているのですね。

来た患者さんに紙を渡して、受付のソファーのところで10分間、「お父さん、お母さんに対して感謝の気持ちを述べていきなさい」と言うらしいのです。それが治療の一環だと。

光一　我々エネルギーワーカーの世界では、身体はＤＮＡのあらわれだから、先祖系のエネルギーが入っていると考えるのです。なので、そこをいじったりします。

島倉　まさに丸山先生のアプローチは、先祖系のエネルギーの通りをよくするということなのですね。

光一　そうだと思います。

島倉　しかも、患者さんから、「そんなことを何でやるのですか？」と聞く人は一人もいないそうなのですよ。

光一　丸山先生にはそれだけの信頼があるからでしょうね。ある意味、カリスマですね。

今後、注目されつつある量子場医療や量子場医学の世界

島倉　患者さんが受付のソファーのところで感謝の言葉を述べると、丸山先生は「終わった？」と確認して、それから診るそうです。

光一　丸山先生も、見えない世界こそ、この世界の土台であるとお考えなのでしょう。

丸山先生が研究されているカタカムナも、現象界、潜象界という考え方の中で、潜象界が土台だという考えを持っていますし。

島倉　私も興味があって、お教えを請うという形で学んでいこうかと思っています。

光一　実際、今あるのかどうかわからないけれども、量子場医療とか量子場医学という分野も登場しつつありますしね。

その影響でドクターが使う医療機器とはちょっと違うのですが、波動機器というものも登場しています。メタトロンとかタイムウェーバーといったものです。海外では医療機器として使われている国もあります。

ちなみに最近、それらの機器を使用する場合は、意識をどう使うかが非常に重要だということが、機器のオペレーターの中で問題視する方もいらっしゃいます。

島倉　当院にもタイムウェーバーがあるのですが、実は忙しくてあまり動かしていないのですね。波動機器ではいろいろ驚いたことがあって、自分が操作していて、自分の思いと似たようなことが回答として出てくることがあるのです。

光一　波動機器は、自身の反射ですから、ある意味、そうなります。ラジオニクスなのですよね。

島倉　自分でも驚きました。

光一　自分の鏡のように見えますから、おもしろいと思います。それが波動機器様、神様、よろしくお願いしますとなると、ちょっと危ないなと思うのです。

島倉　危ないですよね。あくまで「タイムウェーバーさんも同じように思ってくれているのだ」くらいのことですよね。自分の確信度がより高まるためのツールと言えるかもしれない。

〝ステートチェンジ〟で患者の気持ちを把握する

島倉　少しお遊びの話になってしまって申しわけないのですが、当院の事務長が飼っている猫が瀕死の状態になったことがありました。

そのときに、事務長と猫の意識体を取り換えて、事務長に猫の気持ちを聞くということをやったのです。

いわゆる筋肉反射テストを行ったら、猫からは、「病気になったけれども、もうちょっとこの世にいたい」という答えが返ってきました。そこで、積極的に治療することにしたのです。今、動物と話す人とかもいますよね。

光一　それは、言葉で言わないにしても、エネルギーの世界で代弁している内容を受け取っているのだと思います。

島倉　私もそう思います。実は、患者さんで、なかなか思うようにしゃべれなかったり動けなかったりする方がいらっしゃいます。

その人を、「ステートチェンジ」（自他のエネルギー体を入れ替える技）を使って、どう思っているのかを聞き出そうと思っているのですよ。

例えば、その方のお母さんに患者さんのエネルギー体を移して、かわりに話してもらうなどしようかと考えています。

光一　エネルギーワークと医療の融合ですね。

島倉　ええ（笑）。光一さんからいろいろ技を教わりましたので、いろんな応用ができるのです。

この本を読まれる方へのメッセージ

光一　この本を読まれる方にメッセージをお願いしたいと思います。

島倉　量子場とは原因の世界です。

光一　潜在意識領域ですね。

島倉　そこを変えることによって、当然より良い人生を過ごすことができる。我々が人間として生まれて、潜在意識があって、それがどう現実に影響を与えるかということが最近わかってきた。

わかってきたら、それを利用する時代に当然ならなきゃいけないと思うのですよ。そんなことあるものか?!と言うのではなくて、「あるのです」と言う時代。だったら、次は、「それを活用して、より良い人生にするべきだ」だと思うのです。

そのためには、良いことばかりではなくてネガティブなことも起きるけれども、それを糧にして、ネガティブなことをポジティブに変えていく。それが非常に大事だと思います。

その意味で、健康についても、人生を健やかに過ごすことについても、潜在意識領域の変換は非常に役に立ってくるだろうと思います。

この本を読んだ方は必ず変わります。自分の心がその時点で変わるわけですから、そのおかげでどんどん成長していけるのではないかと思います。

光一　超えていく、より良い領域にシフトしていくということですね。

島倉　私もそう思います。実際、医療の現場でも「あれっ、この人、何で治っちゃうの？」という人がいるのですね。

それは〝実存的変容〟ということだと思います。ドラスティックに変容していくのですよ。その人の心が変わる。そこを目指すと、治らない病気も治るということになりますね。

量子場領域のそういったものを変えると、恐らくドラスティックに、それをやったと同時に自分の心も当然変わっていっている。それがいい結果をもたらすのだと思います。

一人ひとりが宇宙の中心で、自分の世界の創造主

島倉　我々のガンの治療に関して言えば、そういうことをもたらすように患者さんと接していこうと思っています。

同時に自分で変えるテクニックを用いながら、患者さん本人の了解を得てその人の潜在意識下に介入して整えていく。そういうことをやって、結果をしっかり表に出していきたいなと思っています。

光一　先生のメッセージとしては、今、命ある限り、認識している限り、大丈夫だということですね。

島倉　やはり医者側がそう思うことがすごく大事ですね。「必ずうまくいく。何があっても大丈夫」と。

光一　人生、いろいろあります。病になると、大きく心が沈むことがあると思いますが、ドクターも患者さんも、潜在意識領域も含めて大丈夫だと。

島倉　まずはドクターがそう思わなきゃね。ドクターにはそういうマインドセットが必要です。そうすれば、世界が変わっていく。

そして一人ひとりが宇宙の中心で、「自分の世界の創造主は自分なのだ」ということをもう一度理解する必要があります。

光一　量子場の話をして、そういう人たちが集まると集合意識領域が変わっていくはずだということですね。ありがとうございました。

実践者との対談②

光一×塩谷哲也

塩谷哲也 Shiotani Tetsuya

1972年生まれ。大阪府出身。同志社大学法学部卒業後、関西の貿易会社に勤務。同社にてキャラクター商品の企画営業製造のスペシャリストとして活躍。32歳で役員を務めた後、2013年、株式会社 KThingS を立ち上げる。同社の代表として、ぬいぐるみの企画、製造販売に従事。また、ぬいぐるみには人を癒やす力があると実感し、そこからより触り心地の良いぬぐるみを研究開発。2017年、世界初の触感を実現した「むにゅぐるみ」を発表し、各方面で話題を呼んでいる。
https://munyugurumi.jp/

光一さんとの出会い

塩谷　私は、株式会社KThingSという、ぬいぐるみや雑貨を企画デザイン、生産、販売する会社を経営しています。

光一　塩谷さんのぬいぐるみは、そのキャラクターに合わせて触感などにもこだわったつくりをされているそうです。おそらく、触感までこだわったぬいぐるみは業界初で、アニメの登場人物などのシリーズも制作されているんですよね。ちなみに私と出会ったきっかけは何でしたっけ？

塩谷　コロナ禍になって、仕事のことや人生についていろいろ考え、迷ったりすることがあって、そんな時に光一さんの『エネルギー経営術』という一冊の本に出合ったんです。

光一　そうでしたね。

塩谷　「えっ？『エネルギー経営術』、変わったタイトルだな」と思って少し迷ったのですが（笑）、買うしかないと思い購入し読ませていただきました。そうしたら、今までの経営の話とはまるで違うアプローチで、そこにすごく感銘を受けたと同時に、ショックも受けたんです。

それで、この人はどういう人だろうと思って調べたら、今度は身体が透けているような怪しい写真しかなくて（笑）。何、これ？　合成写真？　みたいな。

光一　それは失礼いたしました（笑）。ちなみに、あの写真は、合成じゃないんですよ。まったく修正してませんから。

塩谷　はい、それにしても不思議な写真ですね。それで、すごいな、この方にお会いしたいなと思って、1時間ぐらいのセミナーに参加させていただいてからのお付き合いです。

“からくり”の存在には気づいていた

光一　私の著作に共感いただけるということは、どこかで、見えない世界こそ見える世界の土台であるということに気づかれてはいたんですね。

塩谷　これは物心ついた時から感じていたのですが、人間は輪廻転生しているとか、心と脳と意識は別々に働いて自分の考えるところがある。

けれども、根本は別の意識体というか、魂みたいなものがあるなというようなことを、ずっと思っていたんです。

こういう仕事をするようになってからも、人間には魂があるからいろんなものを見て感じるんだと、口癖のように言ってましたね。

光一　私も塩谷さんとお話をしている中で、塩谷さんは、見えない世界こそ見える世界の土台であるという、まさに今回お伝えした〝からくり〟に塩谷さんは気づかれていたと思うんですよ。

私が主宰するアカデミーなどにも来ていただいて、自分をどんどん高めていただいている中で、能力も出てきていますし。

つくる人の意識によって売り上げが変わる

光一　また、お話を聞くと、いろいろな体験をされているんですね。特に、工場でぬいぐるみをつくっている人の意識によって売り上げが変わるという話が興味深かったです。そのお話をしていただけますか。

塩谷　はい。弊社では、今、中国の工場でつくっているんですね。独立して、いろんな工場を探していたんですが、最初、自分が選んだのは小さな工場でした。

　理由は、作業をする方たちが楽しんで商品をつくっているからでした。ちなみに当初は、工場の人たちが楽しんでつくっていることが売り上げ増につながるとは考えていませんでした。

　ただ、自分が工場へ行って、「こういうふうにもっとかわいくしてほしい」といったことを話しながらコミュニケーションをとったり、かわいいものを一緒につくろうと思ってくれている人のほうが仕事をするのに心地いいので、必然的にそういう基準で選んでいたんですね。

光一　なるほど。それがなぜ売り上げ増につながっているとわかったのですか？

塩谷　取引先はいくつかあり、すべてが楽しんでつくっている工場ではなかったんですね。中にはごく一般的な分業体制の工場でつくられた商品もありました。

そこと、小さいけれども、全員が共通の仕上げの価値観とかを持って、一人が最後まで全部つくる商品では売れ行きが違うことに気づいたんです。

5個でも残るのに、100個が1日で完売?!

光一　それはどうしてだと思いました？

塩谷　細かいところで言うと、分業体制でつくられた製品は画一的な感じなんです。対して小さな工場の製品は、品質のバラつきはあるんですが、売場に並べたときに商品の輝きというか、雰囲気が違う。その結果、売れ行きも明らかに違ってくる。そんなふうに感じています。

光一　すごくおもしろい話です。

塩谷　あと、私の場合は売り方も独特なんです。例えば、原宿とかの大きなお店でぬいぐるみを売ってもらうときには、ほかの会社は5個とか、多くても10個ぐらい納品するのが普通でした。

でも、私の発想は違って、ひとつの商品を100個納品して、それを山積みにしてくださいとお願いしたんです。最初は、あり得ないという感じでお店の人は驚いていました。

でも、私の熱意にほだされて、「そういう発想もありかもね。やったことがないけど、おもしろいかも」と言ってくれまして。

それで、あるキャラクターのぬいぐるみを100個並べたら、それが1日で完売したんです。そういうふうに結果も変わってくるんですよね。

熱意のこもった商品ほど売り上げにつながる

光一　今、熱意とおっしゃいましたが、それは見えないものですね。

塩谷　そうですね。

光一　あるいは、分業でやるのと、一人で全部つくる場合のその思いというのも見えないものですね。

見えない世界は、量子場という言い方で定義することもできます。その観点で言うと、量子場をどうつくっていくかによって、ぬいぐるみという結果も変わってくると、私は考えます。

塩谷　私もそうだと思います。それと、ウチの場合ですと、企画の段階からそれぞれの担当者が関わってきてスタートしています。

そこでは、常にかわいいものをつくろうという熱意が入っています。そういう商品と、人から依頼を受けて、あまり気持ちが入らずにつくった商品では、売り上げに差がはっきり出てきます。

商品の背後にある思いが結果を変える

光一　KThingSは、「かわいい」、「きれい」、「かっこいい」の「K」をコンセプトにされているんですね。

塩谷　はい。

光一　そして、企業のビジョンは、「ぬいぐるみを通じて世界に癒やしが広がっていく」ですよね。

塩谷　その通りです。

光一　また、塩谷さんは、裏にある思いがどういうことかによって、ぬいぐるみの機能が変わるという話をされていました。

例えば、かっこいい、かわいい、きれいなぬいぐるみを持つことで、その人もそうなっていくとか。

塩谷　私はそういう思いが背後にあるかどうかで、結果が違うと思っています。

恐い顔をした男がぬいぐるみを抱いたら……

光一　そこで、ひとつトピックを教えていただきたいんです。恐い顔をして笑いもしない男性の話です。その人がKThingSさんのぬいぐるみを持ったらどうなったんでしたっけ？

塩谷　その話ですか（笑）。ぬいぐるみなんかにまったく興味がなかった方ですよね。人をジャッジする厳しいお仕事をされている方です。

その人に、ウチの事業を紹介して、「こういうやわらかい素材で癒やしをテーマにつくっているんですよ。何か気になるものがありますか」とお聞きしたことがありました。

そうしたら、「全然興味ない」とおっしゃるので、「それでも何か選んでください」とお願いしたんです。

光一　すると、どうなったんですか？

塩谷　その方は、選んだものを抱っこすると、「ウワーッ、癒やされるなあ」とおっしゃって、本当に童心に返ったような顔になったんですよ。

なんか性格も180度変わっちゃったような（笑）。ハートがつながる感覚になるというか、厳しく指摘してやろうと対決姿勢で来られた方が、遠縁のおじいちゃんみたいな感じに温和になっちゃったんです。

光一　まさにそれは場の共鳴が起こったと考えられます。ぬいぐるみが持っている場ですね。

癒やされるようにということでつくられている御社のぬいぐるみの背後にある量子場には、そういう場が形成されているという見方ができますね。

物も見えない世界のあらわれ

光一　塩谷さんのぬいぐるみについては、実際に私もこんな例を見ています。笑わない、研究一筋のバリバリの研究者の話です。

当初、彼は、ある打ち合わせにお呼びしたのですが、「私は今日ここに来た意味がわからない。なぜ呼ばれたんですか」と、不機嫌でした。

塩谷　確かに、何かイライラされていましたね。不愉快そうでした。

光一　でも、ぬいぐるみを抱いてもらったら、すごくやわらいでしまって、「これはいろんなところにおみやげで持っていきたい」と、にこやかに言ってましたね。物も、見えない世界のあらわれだと思うんです。そして、その背景には場があるわけです。

ですから、その物をどういう思いでつくっていくかということがとても重要。そうしたことが実証できているいい例ですね。

塩谷　そうですね。物をつくっているだけと思われがちなんですが、見えない世界のあらわれというか、人間の思いはいろんなものに宿るんですね。

高波動ぬいぐるみをつくる

光一　そうしたエピソードがきっかけとなって、もっと高波動で、癒やし効果が高いぬいぐるみを今、つくろうとされているんですよね。

塩谷　はい。目覚めると言うと大げさかもしれませんが、より良い人生にシフトすることをサポートするぬいぐるみをつくる予定で、今、動いているということです。

光一　その辺がクスリ絵で有名な丸山先生とも話が合うところです。グッズを見たり、触ることで潜在意識領域が刺激を受ける。ぬいぐるみは触りますからね。この触るというのはとても重要なんですよ。

塩谷　手触り、触感はものすごく大事にしています。

光一　身体と潜在意識はつながっているので、触感とかで潜在意識に刺激がいくんです。

ですから、当然、触り心地がいいもの、あるいは、裏の量子場にみんながよくなるようにという思いがあるのは、ものすごく効果があると予測できます。

ぬいぐるみが売れるのは社会不安から?!

塩谷　「むにゅぐるみ」という商標を取っています。このやわらかいぬいぐるみは7年ぐらい前に商品化できました。

人を癒やすことができるようにと考えてつくったのですが、実は自分が癒やされたかったのかもしれません。

光一　今、世界的にぬいぐるみがかなり売れているという話を聞いたことがあります。これは世界が不安、混迷の時代に入っているから。まさに人はその不安から解決されて癒やされたいと思っているのではと、私は考えます。

なぜ、ぬいぐるみは癒やしてくれるのか。そして、その背景にある見えない世界をしっかりと認識し、理論立てすることで、これまでとはまったく違う新しいぬいぐるみが生まれる可能性はありますよ。

塩谷　楽しみですね。

光一　そこをやろうと考えられているわけですね。

塩谷　はい。私は、ぬいぐるみを使って世界の人にもっと貢献したいという思いがあるんです。

感性や個性で愛を広げる

塩谷　世の中にはおかしなことがたくさんある。けれども、力で対抗するのは自分らしくないから、自分の趣味、感性、個性で愛を広げていく。そのようなことがもっとできるといいなと思っているんです。

光一　いいですね。

塩谷　考えたこともあるのですが、社会に貢献するために「街中でボランティアします」というのも自分の性格とはちょっと違うかもなと。

それよりも自分がかわいいと思うもの、楽しいと思う仕事で、その楽しい気持ちを商品に乗せて広げていく。

それこそ見えない世界の部分だと思うのですが、それが商品になって人の手に渡っていくことで自分たちの気持ちもつながるんじゃないか。今、仕事をしながら、日々、それを体験しているところです。

光一　今、そういうお仲間もどんどん増えてきていると聞いておりますし、やはり個性ですよね。自分が楽しくて、それが世の中に貢献していれば、それはみんなが嬉しいことだと思うので。

今、アカデミーで見えない世界の勉強をしていただいていますので、その辺はどんどんシフトしていくと思います。

見えない世界は、実はみんなが感じている

塩谷　見えない世界って、実は常にみんな感じていると思うんです。感情もあるし、心もあるし、目標にしていることとか、いろんな思考もある。そこを光一さんから

教わった技で整えていく。

仕事をしていると、競争もあるし、うまくいかないこと、いろいろつらいことがあるじゃないですか。

そういうときに、周りのせいにしたり、くよくよしたり、いわゆるネガティブな感情に支配されてしまうと、もっとうまくいかなくなるということを、今までも体験してきました。

光一　そのネガティブを経験しているのは誰か？　ですよね。

塩谷　はい。だから最近は、それはいいよと、全部受け入れています。それが自分のせいかどうかは別として、まずは受け入れる。

光一　それは大切なことです。

塩谷　受け入れて、本当はこうしたいという純粋な気持ちがあったりすると、不思議なことに、そこからまた物事が好転し出したりするんですよ。

ウチの社員でお客様にいじめられる子がいたんです。それで「こんちくしょう」と思ってメールに返事をしたりして応対していると「こんちくしょう」というのが返ってきて、どんどんへこんでいくわけです。

ばかやろうが、感謝の気持ちに変わる

塩谷　そういう社員には、「なほひかへ」の実践ではないですが、心理的な「なほひかへ」というか、「ばかやろうでも死んじまえでもいいから言ってみろ」と言うんです。

するとと、「私、そんなことは言えません」と言うので、「でも、思っているんでしょう？」と言って、一緒に「ばかやろう」と言わせるんです。

光一　塩谷さんはアカデミー生だから、個人に対してセッションする能力はもう身につけているので、それはいいやり方ですよ。ネガティブを出して、自分も一緒にやればいい。

塩谷　それで、「あいつは大嫌い、ばかやろう」って。「でも、死ねまでは思いません」と言うので、「そうか、優しいね」とか言いながら。

その後に、「でも、彼だって、何十社とお客さんがいて、中にはいろんな人がい

るよね。朝から夜中の2時、3時まで毎日仕事をして、あの人だって倒れるよ。だから、逆にありがとうと思ってみない？」と言うんです。

光一　そこに行けばいいんですよね。

塩谷　「つらい仕事をしているね。大変だね。でも、こうやってウチに厳しい指摘をしてくれる。一字一句書くのは、本当は彼だってしんどいと思うよ。そう思わない？」と言うと、「何か感謝の気持ちが出てきました」と言うんですよ。

光一　すばらしいですね。

感情を吐き出し、ニュートラルに戻る

塩谷　それで、今まではその人に「こんちくしょう」という気持ちで返事をしていたのを、今度は笑顔で「遅くまでありがとうございます。こことここは確かに私もそう思うけど、ここはこう思うんです」というメールを送る。

すると、向こうも「ああ、そうか」ということで、人間関係が劇的に改善するん

です。

またそういうことがあると、今度はそれを周りで見ている女性社員も、「確かにそうかも」と思い始める。

だから、嫌なことを言われて一時的に感情を吐き出しても、その後はニュートラルに戻って、逆に相手に感謝して笑顔でメールを打ちなさいと言っているんですね。

光一　それが自然なのがいいんですよ。無理に愛だ、光だ、優しさだと言っても、人間はそうはいかない。

だから、まずは正直に出していい。それも、「そんなことを言ってはちょっと。私は愛がある人だから、ちょっと遠慮がちに」というのはダメ。本当は「死ね！」とか思っているのだから（笑）。

そういうときに、高波動のぬいぐるみがあったら、そこで共鳴が起こるので、楽になっていくと思うんですよ。シフトが早く起こるんじゃないかな。

恐い顔をした男性の顔が変わったと、先ほどおっしゃっていましたが、私も間近に見せてもらいましたから、塩谷さんのぬいぐるみにはその力がある。

塩谷　ありがとうございます。

愛着のあるぬいぐるみとのお別れに供養を

光一　一方で、塩谷さんは、愛着のあるぬいぐるみを、汚れたからと言ってすぐに捨てることに対する解決も考えられているんですよね。

塩谷　そうです。なかなか捨てられなかったりもするので、人件費ぐらいでお安く手直しをしてあげようと思っています。

それから、やむを得ない理由でぬいぐるみとお別れするときには、うちのほうで供養をしてあげようと思っています。その人の気持ちが乗っているので。

光一　きっと場が育っていくんですね。

塩谷　私の家にもぬいぐるみがたくさんあって、古くなったものを捨てようとすると子どもが泣くんですよ。

悲しい気持ちになる。でも、実際にはモノとして捨てないといけない。そこの見えない世界を整えてあげたいと思っています。

光一　場が共有されていて、その場で悲しい思いが起こってしまうと波動的にはよくないから、供養するという文化があるわけですね。

ぬいぐるみを見たら全世界の人が言う言葉

光一　塩谷さんのところのぬいぐるみでみんな波動がどんどんよくなって、別れるときは供養して、また波動を上げる。結局、主人公は人間で、ぬいぐるみはサポートのツールですから。

塩谷　ぬいぐるみを見るときには世界共通の言葉があって、みんな必ず「かわいい」と言うんですね。難しい顔で「かわいい」と言う人は絶対いなくて、表情もやわらいで笑顔になるんです。

ぬいぐるみは、見ることや、触感でも癒やされるんですが、言霊というか、「かわいい」と言うことで、実はそれが自分に反映されて癒やされていくという仕組みもあると私は思っています。

光一　すべて自分であるという考え方で言えば、かわいいぬいぐるみを見ているのは誰ですか。

そして、かわいいな、いいなと感じているのは誰ですかということにもなります。自分の中でそのものがないと共鳴は起きませんから、ぬいぐるみはそれを引き出すツールなんですね。

ぬいぐるみを「かわいい」と言う裏にあるもの

塩谷　愛情に飢えているというか、十分に愛情をもらってない人たちも若い人には多いと思っています。

だから、どこかで自分を肯定してあげるための何かがほしい。本当は自分で気がついて変わっていけるといいのでしょうが、なかなかできないので、ぬいぐるみに触って身体でも感じながら、「かわいい、かわいい」と言葉に出して、自分で自分に愛情を届けているんじゃないでしょうか。

光一　とても大切ですよね。現実体験というのは、見たり、触ったりして認識しているわけです。
　ですから、「むにゅぐるみ」を見て、かわいい、触って心地いいというのは、潜在意識に対してプラスのエネルギーを入れていく、あるいは共鳴を起こさせることにつながると思います。

塩谷　私もそう思います。

ぬいぐるみは、発達障害の改善に役立つ⁈

光一　それと、教育心理学では、発達障害のお子さんは親御さんとの身体的接触が少なかったんじゃないかという説もあるらしいんです。その点、ぬいぐるみだったら、いい意味での触感のトレーニングがいつからでもできるわけですね。
　ですから、ぬいぐるみの世界には可能性が大ありですよね。今は不安、混迷の時代。だからそんなときこそ、理屈抜きにぬいぐるみに触れて、自分の潜在意識を整えていく。それはものすごく良いことです。

塩谷　自分たちが自分軸で楽しんで仕事をしつつ、他の人たちにもその楽しい気持ちが入ったり、癒やされたり。本当にいい仕事だと思っています。

光一　人それぞれ楽しいというのは、たぶんその人の役割なんだと思います。人と比べる必要はないですね。

ぬいぐるみも、理屈抜きで、かわいいと思ったら抱く。そうすると、身体は潜在意識とつながっている中で変わっていく。今思うと、塩谷さんはそういう体験がたくさんあるということですね。

塩谷　ええ、そうです。

手づくりだから、自分に合うものが探せる

光一　中国の工場の方々、ジャッジの仕事をされている恐い人、バリバリの研究者で論理派の方（笑）。

塩谷　お店にはたくさんの商品が置いてあるので、お客さんは、「癒やされる！」と言いながら、買わなくても、楽しく見てくれていますね。

光一　先日、セミナーの後でぬいぐるみの話になったときに、どれを買うか、ぬいぐるみの顔を見て決めるという人がいましたね。

塩谷　一個一個手づくりなので、顔が違うんです。人間の顔も70億人違うようにぬいぐるみも違うんです。

パーツが1ミリでもずれると受け取る感覚が違うので、その中から自分がかわいいと思う自分に合うものを選ぶ。あれは不思議ですね。

ぬいぐるみの背後にある量子場が違う

光一　塩谷さんはショップもやられているじゃないですか。ショップに行かれる方は、自分に合うぬいぐるみを探すのも楽しみなんでしょうね。

塩谷　楽しんでますね。自分自身がそうなんですけど、見ていておもしろいのは、ぬいぐるみをたくさん見るだけでも人間の感度が上がるということですね。ものすごく細かく観察しているので。

光一　それは塩谷さんのところのぬいぐるみだからじゃないですか。お話を伺うと、背後にある量子場がちょっと違うと思うんですね。既製品でつくるぬいぐるみとは違う。

だから、見ているだけでも共鳴が起こるんじゃないでしょうか。ぬいぐるみというのは、ある面、ものづくりですよね。ものづくりの背景にある思いが大切なような気がするんです。

無意識で触り心地が浮かんだ

塩谷　そう考えると、目に見えないところからスタートして、それを実体としてちゃんと物質化させているということになりますね。

光一　聞くところによると、触り心地に関しては、塩谷さんがものすごく研究されたそうですが、触感というのは重要ですよね。

塩谷　会社をつくってしばらくして、何か新しいものを打ち出したいと思っていたとき、やわらかくて気持ちがいいものが何となくイメージとしてパッと浮かんだんです。それで、そういう生地を2年間ぐらいかけて中国で開発したんです。

光一　今はぬいぐるみ業界では当たり前のようになっていますね。

塩谷　はい、そうです。

次のステップは量子場領域に仕掛けを

光一　次のステップは、見えない世界というか、量子場領域のところに仕掛けをつくっていこうということですね。

塩谷　はい。それで、日本の中でもっと広げたいだけでなく、世界に向けて広げていきたいなというのもあります。

世界を見ると、日本のような「かわいい」という文化は独特だと思います。フランスやドイツも、ものすごく感性豊かだと思うんですが、日本のようなかわいいものをつくるという感性とは違っています。

世界の人たちが日本に来てキャラクター商品とかぬいぐるみをよく買って帰るんですけど、やはりかわいさやクオリティに驚いているという感じですね。

光一　触り心地はどうなんですか。

塩谷　触り心地にも驚いていますね。

ぬいぐるみの触感で量子場を共有できる

光一　形態形成場理論というのがあります。そこに量子場的な思い、世界がもっとよくなりますようにみたいなものが入ってきて、それが広がっていけばいくほど、そうした思いのある量子場がつくられるという考え方です。かわいいなと、ぬいぐるみの顔を見るだけでも変わる。

大人でさえ、社長のところのぬいぐるみを抱くと、見えない世界の影響を受けて変わるわけですから。

今、平均年齢が若い国がありますね。子どもが成長していく中で、ぬいぐるみの触感とかで量子場の共有ができることで、いい形でどんどん成長していくということはあり得ますよね。

塩谷　はい、ぬいぐるみで世界に貢献できるということでもありますね。

光一コラボの高波動ぬいぐるみ

光一　実は今、塩谷社長のところと、私、光一とのコラボを始めようとしています。それは高波動ぬいぐるみをつくっていこうというものです。

塩谷さんのところの製品はクオリティがすごく高くて、いろいろなライセンス商品をたくさんお持ちなんですね。

だから、今、打ち合わせをさせてもらっているんです。いろんな人に響くとなると、丸っぽいものとか、抽象度が高いものがいいんじゃないかと。

抽象度が高いと、当てはまる人が多いんですよ。それが今回の高波動ぬいぐるみの特徴になるのかなと思っています。

抽象度が高くて、かわいいとか、かっこいいとか、きれいとかを表現すべく、今、デザイナーさんたちが頑張ってくれています。

コラボぬいぐるみには、十二支シリーズも

塩谷　十二支もありますよね。

光一　十二支はいいでしょう？　十二支の何がいいかというと、この世界は見えない世界のあらわれなんですよ。

十二支の世界とか五行の世界とか易の世界は見えない世界にあるんです。それは法則なので、その法則をうまく活用することで、今の現実世界、現実体験をもっと引き上げることができるという考えを私は持っています。

塩谷　それを高波動ぬいぐるみで形にするわけですよね。

光一　そうです。それによって、この世界に十二支のエネルギーをより共鳴させることに使えると思っているんですね。だから、十二支はいいんじゃないですか。ただ、どうかわいくデザインしていくかは、KThingSさんの腕の見せどころでもあります。

エネルギーシフトを先につくっておく

塩谷　デザイナーも、仕事をしていくと自分の限界がそれぞれ出てくる。それでも早い段階でその限界を少しずつ破って大きくなっていくんですね。

とはいえ、いきなりでっかい限界まで領域が増えたりしないので、本当に日々、成長しているんです。

ある日「かわいいのができました！」と言うので、「また来週見てみようか」と言って、翌週もう一度デザインしたイラストを確認すると「前のはかわいくありません。今こうなりました。こっちのほうがかわいいです」って。

光一　ある意味、それが成長です。

塩谷さんはアカデミー生なので、エネルギーシフトを起こす能力をつけています。だから、これからさらに成長するとシフトが起きます。

シフトが起こると、そこに向かって成長していくんですよ。ここが違うんですね。普通は時間とともに成長していくのが当たり前なんです。

でもエネルギーシフトを先につくっておくと、時間が成長の味方になっていくんです。

塩谷　なるほど。

光一　そういう時代なんですよ。だから、高波動ぬいぐるみを持つことでエネルギーシフトが起こるから、いつの間にか成長しているということも起こり得ると思っています。

塩谷　そうかもしれないですね。

光一　今回の話を聞いて、書籍を読んでいただくと、そのぬいぐるみがほしくなるでしょうね。

ぬいぐるみの波動を測定する

光一　実現するかどうかはわからないけど、実は、高波動ぬいぐるみの波動測定をどこかでやってもらおうかと思っているんですよ。

KThingSの技術はすごいと思います。私は、その裏にもっとどんどん波動を入れていくつもりです。

塩谷　今、ふっと思うと、自分は技術者でも何でもないんですけど、こういうものをつくりたいと思ってつくって、自分の会社で売り始めて、いずれは世の中でいっぱい広がるだろうなというイメージはあったんですね。

それはものすごくピュアに思っていて、疑いは1ミリもなかった。別に自分の中でものすごく背伸びしていたり、左脳ですごく思考していてというのでもないんです。

本当に直感で、こういうものをやろうと思って中国に行って、こういうものをやりたいんだよねと繊維メーカーと話をして、毎月行くと試作品をつくってくれていて、本当に自然にできたんですよ。

自分を整えると場の共鳴が起こる

光一　ということは、世界はみんなよくなっていくというのが、たぶんあるわけですよね。世界の人をぬいぐるみで癒やすというのがビジョンですもんね。

塩谷　はい。だから、今思うと、自分が整っているから、自分軸は当然あるんです。と同時に世界に貢献というか、つながって、世界のためにと思っていることは実現しやすいんでしょうね。

光一　そうなんですね。そういうお役目なんじゃないですか。

いろいろお伝えしていっても、自分一人でやっていたのでは限界があるんですよ。それで私は能力の伝授を含めてアカデミーを始めたんですよ。そういう時代なんじゃないですかね。

塩谷　それをやっていくうちに、もちろん仕事だし、社員がいるのでお金も回していかないといけない。

そういうところで、経営者としてはいろいろ悩んでいたりもしていたので、ある意味、アカデミーに行って自分を整えるということを知ったのは、すごくよかったですね。

光一　ありがとうございます。自分を整えると、場の共鳴が起こるので、ぬいぐるみの世界とも共鳴すると思うんです。

また塩谷さんは社員さんをお仲間だと思ってらっしゃるので、社員さんもどんどん成長されていくと思いますよ。

触感は、脳の発達に影響を与える

塩谷　おもしろいのは、小さい頃から動物を飼っている子たちは、ぬいぐるみをそんなに必要としないようです。ペットをかわいがって癒やされていることが関係あるかもしれません。

光一　触ったりするのは重要ですよね。触感というのは、人の発達、脳の発達には重要なのかもしれないと思います。感情とかも含めて。

だから、ぬいぐるみを持つ前と持った後をメタトロンで測定したら、結果がすぐ出ると思うんです。

塩谷　やってみたいですね。それは楽しみですね。

光一　丸山先生にご協力いただき、ぜひ実現させましょう。

塩谷　人間は、意識の世界からやってきて、身体を持って物質の世界に生きているわけですよね。

なので、みんな何かしら妄想とか想像力を持っているから、そういうのが形になると、現実社会を自分の意識とか身体がしっかり認識できるという作用もあるのかなと思ったりしますね。

この世界、すべてがつながっている

光一　私の量子場領域、潜在意識領域の階層論で言えば、抽象度が高いものは多くの人に影響を及ぼすことができるんです。

しかも、十二支とか、ちょっとした象徴を使う。象徴なので、それはエネルギーというフィールドもあるから、おもしろいと思います。

塩谷　心とか意識と身体とが全部つながって、潜在意識ともつながっているんですよね。

光一　つながっていますね。

塩谷　ある意味、目に見えているけど見えてないというか、ないけどあるというか、つながっていますね。

光一　全部つながっているんですよね。だって、ぬいぐるみ、ずっと触って、離さなくなってしまいましたから（笑）。触り心地が全部違うんですね。

塩谷　いろいろ変えていて、例えばアニメのものは形が崩れにくいように少し固めにしているんです。クッションタイプのものは、より柔らかく、とろけるような感じにしています。

身体と触れることで潜在意識が刺激を受ける

光一　高波動ぬいぐるみはやわらかいほうがいいと思います。十二支はどんな触感をお考えですか？

塩谷　手触りは滑らかでやわらかい触感がいいですね。やはりむにゅぐるみ仕様にすると思います。小さいものから大きいものまであってもいいかもしれないですね。より癒やしを求めている人は大きいものを買うでしょうし。

光一　接触面積というのはあるんでしょうかね。大きいと接触面積が広いじゃないですか。身体と触れることで潜在意識が刺激を受けますからね。

塩谷　やはり手だけより体全体で感じるほうが、断然、気持ちいいです。

光一　そうなると、気持ちも優しくなるじゃないですか。だから、触感というのは重要なんですよ。すばらしいところに目をつけましたね。

でも、技術的には結構苦労されたんじゃないですか。縫い方も違うとかおっしゃっていましたけど。

塩谷　そうですね。

光一　それを工場に行って、第三者に伝えるんですもんね。やっぱり思いなんでしょうね。何のためにこのぬいぐるみをつくろうとしたのかという。

塩谷　うさん臭いと思われるかなと思って、以前はそういうのはあんまり口にはしなかったんです（笑）。

最初は社員もみんな怪訝（けげん）そうに私を見ていたけど、いろいろやって自分を整えていくうちに、お客さんとの関係がよくなったよねと。

何より、自分が楽になりました。ストレスも恐くなくなっているし。そういうときが来ていて、今は逆に本当に乗り越えていけるようになっています。

大変な思いがあったから、次のステージへ行ける

光一　これまでには大変な思いが結構あったと思うんですよ。でも、今思うと、それがあったから、新しいステージに入ってきているというのは、誰にでもあると思うんです。

塩谷　自分が整うと、社員も少しずつ整ってきて、不思議と場の共鳴が起こってくるような感じはものすごくあります。

社員が自分軸でどんどん成長していて、最近は組織がシフトしていく感覚をみんなが持っていますね。

私は、ここ1年ぐらい、潜在意識的になかなか整わなかったことがあったんです。でも、ようやく自分自身を受け入れてもいいんだな、もっと羽ばたいてもいいのかなと思うようになったんですね。すると、社員も大分変わってきました。

光一　KThingSのぬいぐるみ、一家に1個ですね。触ったらみんな優しくなると思

うし、今回の高波動ぬいぐるみには私がエネルギーを封入しますから。

塩谷　それが一番の期待です。

どんどん元気に、幸せになるエネルギーを封入

光一　ぬいぐるみが持つ量子場に、人がどんどん元気になって幸せになっていくエネルギーを封入するわけですから、効果は見込めると思います。

塩谷　超高波動ぬいぐるみですね。

光一　十二支なんか全部置いてもらってもいいんじゃないかな。12というのは、外のバランスも示すんです。だから、自分の干支のぬいぐるみでもいいけど、本当は12の干支を全部バランスよく持つこと。

それで自分の中の潜在意識が整うんですね。十二支統合というテクニックがあって、それは内なる世界と外なる世界がくっついているという原理の中で、十二支のシンボルを使うんですよ。

そういうテクニックをアカデミー生限定でやりましたが、いずれ発表するかもしれません。

塩谷　十二支セットご購入にはテクニックがついてきますと（笑）。

光一　いいですね。実は風水の原理は、見えない世界のエネルギーを整えているんですよ。

例えば、「あなたの場合は、この年は、この方位に猿を置くといいよ」というような忠告は、見えない世界のバランスを整えるためなんです。

塩谷　それが外の世界にあらわれる。

光一　そう。だから、十二支を全部持っていたら、それをバランスよく愛でることで、自分の中にある十二支のエネルギーが整ってくるんです。

外の世界は内なる世界の反映ですから、今回の十二支のぬいぐるみのアイデアは世界に行けます。

もちろん、私の干支は犬だからワンちゃんだけというのでもいいですよ。別にバランスを崩すわけではないから。

自分軸で、自分の個性を大事に

光一　最後に、KThingS のぬいぐるみについて、今日のインタビューで何を皆さんに伝えたかったかをお聞かせください。

塩谷　自分軸で、自分の個性を大事にして、自分らしく楽しんで人生を生きるのが周りの人にもいい影響を及ぼす。私はいつもそう思っています。

　そうすれば、自分がどういうふうに個性を発揮して世の中に貢献できるかがだんだん自覚できるようになってくるのではないかと思うので、そうなってほしいですね。

光一　楽しんでいくということですね。

塩谷　そうですね。そうなると、自分で自分の価値を上げていけるし、人生がよりよくなっていくと思うんです。一人ひとりがよくなっていくと、世界もよくなると思います。

今後もそういう気持ちを込めて商品をつくって、世の中に貢献していこうと思っています。

お客様は無意識でもいいんです。たぶんそれがお客様にも伝わっていくと思うんです。

光一　そうですね。無意識の世界こそこの世界の土台なので、それを実践されていくということですね。キーワードは、「楽しんでやる」ですね。

身体は潜在意識とつながっているから、身体を活用して自分の潜在意識を整えていって、整ったら身体の体験が変わっていくというのがひとつのメッセージですね。

実践者との対談③

光一×山本征一

山本征一 Yamamoto Seiichi

波動セラピスト
エンライトアンバサダーアカデミー® 事務局長
1971年生まれ。大阪府出身。大学卒業後、半導体製造企業にて光通信デバイス等の開発に従事。その後、山形県への転勤をきっかけに光一氏と出会い、当時開催されていた秘密の塾の事務局長を務める。2021年、退職後、光一氏の紹介で、㈱IPP ジャパンにて教育を受け、波動測定器のオペレーターとなる。その後、愛知県名古屋市のクリニックでのオペレーターとしてのキャリアを経て、現在は岐阜県に在住し、㈱IPP ジャパン東海北陸営業所にてオペレーション業務を行っている。出張でのオペレーションも多く行い、クライアントに寄り添いつつ、自立を促すカウンセリングに定評がある。

山本氏の公式サイト

山本氏の公式メルマガ

〝秘密の塾〟が、すべての始まり

光一　まず自己紹介をお願いします。

山本　私は今、波動機器、特にその中でも「メタトロン」のオペレーターをやっておりまして、2023年9月1日までは名古屋のクリニックでオペレーターをさせていただいておりました。

光一　高橋　徳先生のところですね。

山本　はい。

光一　私とのつながりは、どの辺りでしたでしょうか。

山本　2018年ぐらいからです。

光一　当時は、私は、〝秘密の塾〟を主宰していたんですよね。山本さんにはその塾生として参加いただいたのが、ほぼ最初でしたか。

山本　はい。塾には事務局がありました。その後、流れで、私が事務局長を引き継がせていただいております。

光一　そうですよね。秘密の塾では、3代目の事務局長でした。そこからの流れで、今は、アカデミーの事務局長をやっていただいているということですね。

山本　はい。

「なほひかへ」で自身をクリアリング

光一　私は基本的にエネルギーワーカーと言われています。光一のワークなどでどのようなことを学ばれましたか。

山本　私は、特に「なほひかへ」が自分の中ですごく合っているんです。自分の中のネガティブな感情とか、自分を認めて、それを変換していくということを、よくやらせていただいています。

クリニックでメタトロンのオペレーターをやっていた当時は、ネガティブな感情の方も来られます。

その影響を受けて同調してしまう場合もあるので、そういうときに「かへ」を使って自分をクリアリングしていくということをやっています。

波動機器オペレーターをやって気づいたこと

光一　波動機器というのは見えない世界を扱うので、そこでも気づきが結構あったかと思うんですが、どうでしたか？

山本　やっている場所がクリニックということもあって、メタトロンとかオペレーターに改善してほしいという依存的な感じでやってくる方が非常に多いのです。でもこちらは「改善してあげる」という傲慢な姿勢ではなくて、お手伝いという形で接するのが大事です。

クライアントには「ご自身で改善していく」のを、私が後押ししてあげるというスタンスを毎回お伝えするようにしています。

ちなみに自分を整えていないと後押しできないので、そのためには、クライアントが来る前に、フラットな感じというか、まずは自分を整えておくのを日課としています。

光一　さすがですね。クライアントには依存をつくらない。

山本　ええ。そのためには、クライアントが自分で目的意識を持つことが大事ですね。その上でこちらがオペレーションするようにしています。

オペレーションしている最中でも、クライアントにはどうしても「改善してほしい」という気持ちが出てきます。

そこはヒアリングなどを行って、「ご自身で改善されるんですよ」ということを再度自覚してもらえるようにしています。

クライアントと機器との三角関係

山本　機器を使っていると、オペレーター・クライアント・メタトロンという三角の関係の中で見えない波動共鳴みたいなものが起こるんですね。

そこで読み取れる内容を素直に受けとめていただいている方とか、自分で積極的に改善しようとしておられる方は改善度合いも早いんです。

メタトロンと私がお手伝いをしようと思っても、クライアントの意識が同じ方向を向いてないと波動共鳴はなかなか起こりづらいんです。

光一　その場合はどうするのですか？

山本　そういう点では依存にならずに目的意識を持って来てもらう。あるいは、メタトロン自身を楽しんでもらうというところに持っていくようにしています。

私のところにメタトロンを受けに来る方は、月に1回くらいが普通。ですから、日々の生活の中で目的意識を持って過ごさないと、メタトロンだけ受けても向上していかないんです。

光一　ある意味、クライアントの普段からの意識も大切ということですか？

山本　そうです。

光一　ちなみに意識の持ち方という面では、オペレーターの方の意識の持ち方も重要じゃないかと思うのですが。

山本　その通りです。クライアントに依存させない意識は常に必要だと思います。

自立心が増すことで、健やかさも増していく

光一　依存させないという部分が光一ワークでも大切なところです。きっとクライアントの自立心が強くなっていくことで、健やかさが増していくということなんでしょうね。

山本　そうですね。その中で、こちらも改善してあげるとかいう傲慢な意識ではなくて、あくまでも自立していただくためのお手伝いをしているという感じでやらせてもらっています。

光一　そうした姿勢でセッションを行うと、波動共鳴を生みやすくなると思います。

山本　私もそう思います。

光一　改善してあげようということは、改善してほしいということと波動の共鳴になって、見えない箱をつくってしまう可能性がありますからね。

山本　はい。

改善率には、男女差が生まれる?!

光一　メタトロンは世界50か国で使われていると聞いています。中には医療機器として認可されている国もあるんですよね。

山本　そうですね。確か、ロシアやドイツがそうだったと思います。

光一　ちなみに医療の現場にいるドクターからも、自立的な患者さんのほうが治療率が高いとお伺いしました。

山本　それは間違いないですね。どうしても依存になってしまうと、その場で何とかしてほしいという気持ちが出てしまいます。

光一　それが自立して治す意識を弱らせる。

山本　はい。あと、私のところに受けにいらっしゃる方では、女性と男性を比べると、男性のほうが自我が入ることによって共鳴しなくなるというのが非常に多いですね。

ご夫婦でメタトロンを受けに来られる場合も多いんです。でもその場合、やはり女性のほうが素直に受け取ってくださるので、奥様の改善率が圧倒的に良いですし、改善する期間も非常に短いです。

まずは受け入れる。それで改善率が大きく上がる

光一　ということは、意識の世界でしょうから、まずは受け入れるというのがとても重要だという理解でよろしいでしょうか。

山本　まさにその通りです。素直に受けとめていただいた方のほうが改善率がよくて、1か月の間でびっくりするぐらい改善しているケースもあるんです。

光一　まさに意識の持ち方次第なんですね。ということは、オペレーターがどのような意識で波動機器をオペレートしていくかも非常に大切だということですね。ちなみにセッションが終了した後の心得のようなものは何かありますか。

山本　先ほどもちょっと言いましたが、セッション中、クライアントのネガティブ

な感情の影響を受けて同調してしまう場合もあります。

その場合は、今日あったことを踏まえて、光一さんのメソッドで「かへる（＝「なほひかへ」を使って自分を整えること）ということは常にやっています。あと、メタトロンでもその辺の調整はできるので、それもさせてもらっています。

光一　では、セッションに入る前に自分を整えて、終わった後にまた整えるということをされているのですね。

山本　そうです。そうしないと、次に引きずってしまうことがあるので、基本、自分を整えるのは必須ですね。

光一　オペレーターも受け入れるという発想で、その共鳴が起こったときには、より健やかになっていくということでしょうかね。

山本　確かに、そうですね。

身体にフォーカスするのが他の機器との違い

光一　今、波動機器はたくさんあると思いますが、メタトロンの特徴は何だと思いますか。身体にフォーカスすることですか。

山本　メタトロンは、身体にもフォーカスするんですが、感情の項目があるのが非常におもしろい機能だと思います。もちろん機種にもよりますが。

光一　とはいえ、ベースは身体ですよね。

山本　そうですね。

光一　身体を通して、感情が見えてくる。

山本　まさにそんな感じです。

光一　身体にフォーカスしていくというのは、波動機器の中では結構、特徴的かと思います。

山本　はい。

光一　ということは、身体も、見えない領域のあらわれと言ってもいいですよね。

山本　そうです。結果を見ていくところで言うと、目的意識を持ってやられているほうが改善されるケースが多いですね。

見えない世界が臓器にあらわれる

光一　主に、どんな結果としてあらわれるのでしょう？

山本　結果として出てくるのは臓器の部分ですので、意識が身体にあらわれているのは間違いないと思います。

光一　ということは、自分の見えない世界をよりよくさせて、そのフィードバックとして身体がよくなっていく。そういうサイクルが、波動機器オペレーターとしてはやっていきたいところなわけですね。

山本　そうです。

光一　なるほど。まさにオペレーターの意識をしっかりコントロールしていくのがすごく大切になってきますね。

山本　そうですね。オペレーターは、常にフラットな状態でいるというか、あくまでもお手伝いをさせていただいているというスタンスで関わります。

改善してあげようは依存を生む

山本　そこに改善してやろうという気持ちが入ってくると、どうしても傲慢な波動になってしまいます。

光一　よくない波動ですね。

山本　そうなんです。また、こっちが改善してあげようと思うと、向こうも改善してほしいというふうに依存を生んでしまうことにもなる。ですから、常にフラットな状態でいるということを意識しているんです。

光一　フラットな状態でいるというのは、意識をフラットにして、変な意味の固定観念を持たないということでしょうか。

山本　はい。

光一　クライアントとコミュニケーションをとるときに、オペレーターが「あなたは健康だ」とか、「病気だ」とか言うと、場合によってはそれが反映される可能性もあるということですね。

山本　そうですね。だから、その辺はあまり先入観を持たないようにしています。

時間をかけて自立を促していく

光一　クライアントがどういうシーンでセッションに入ってもらうかというのも、多少はカウンセリングでお伝えしたりするんですか。

山本　特に高齢の方に多いんですけれども、第一が「改善してほしい」という考えでいらっしゃるので、どうしても依存してしまうんです。

そこでセッションしていく中で、「メタトロンとか私に改善してもらうのではないですよ」と、自立を促すようにお伝えしていく。でも、セッションの場所がクリニックだったときは、「じゃあ、何のためにここでやっているのか」とおっしゃる方もいらっしゃいます。

なので、そこは時間をかけてお伝えし、ご理解いただくような形をとっています。

三者が場の波動共鳴を生む

光一　今、世の中に波動機器はたくさんあると思うんですけれども、オペレーターの役割は大きいと私は思っています。山本さんはどのように感じますか。

山本　私も非常に大きいと思います。クライアントはメタトロンを受けに来て、「メタトロンに改善してもらいたい」とか、「スキャンして自分はどういう状態か知りたい」というところがあります。

でも、メタトロンとクライアントだけの関係だと、方向性を見失うことが多いんです。

光一　それは、クライアント・メタトロン・オペレーターでの三角の関係が大事ということですか？

山本　はい。その三者の関係の中で波動共鳴させていくことによって、メタトロンが気づきをくれるというところは体験としてあります。

でも、私が改善してあげるというオペレーターの傲慢な気持ちとか、改善してほしいというクライアントの思いが入ってくると、波動共鳴が起こりにくくなるんです。

光一　今の三者の場というのは、グループでの集合の場が生まれるという理解でいいですか。

山本　まさにその通りだと思います。

場のエネルギーが身体にあらわれてくる

光一　その集合の場がよりよく動いていくことで、身体の次元にもそれがあらわれてくるという理解でよろしいですか。

山本　そうですね。

光一　そうすると、まさにオペレーターは場のリーダーでもあるわけですよね。オペレーターは、意識を高めていって場をつくっていくという意味では、すごく重要なポジションになるのかなと思いますね。

山本　ある意味、オペレーターがネガティブだったり、傲慢な気持ちでやっていたりすると、上手くお手伝いできないんです。

というか、結果としてクライアントの自立をお手伝いする方向にはなかなか行けないので、オペレーター次第というところはあります。

クライアントが自立するのを後押ししていけるかどうかは、オペレーターの意識が非常に重要なので、常にフラットな感じを意識しているわけです。

自分で改善していこうという意識が大切

光一　山本さんのセッションはとても評判がいいとお伺いしています。一方では、波動機器がすべてやってくれるからということで、お任せ系のオペレーターの方々の話も聞きます。その辺をどう思われますか。

山本　波動機器というのはツールでしかないんですね。なので、普段は自分の臓器の状態とか身体の状況といった、目ではわからない部分を理解していただくことに使っています。

見えない部分を可視化してくれるという点で、非常にすぐれた機器だと思うんですけど、そこから先が重要なんです。

光一　そこから先とは？

山本　自分で改善していこうとか、目的意識を持っていかないとダメだと思うんです。

例えば、メタトロンに頼ってしまって、毎日の生活はどうでもいいみたいになることもあるんですね。

光一　この場に来たら何とかしてもらえる、じゃいけないということですか？

山本　はい。それだと、どうしてもメタトロンに依存する形になるわけです。そういう意識の方は結果が出にくいので、オペレーターとしてはクライアントの依存心を生まないように気をつけているのです。

日常から意識を向けるから結果が早く出る

光一　だから、波動機器にすべてお任せとは思っていない？

山本　はい。あくまでそのツールを使って、自分の見えない部分を見えるようにして、ご自身で理解を深めてもらう。その上で、自分自身で整えていくということですね。

　ある程度の期間セッションを行い、また後日来ていただくと、日常でも諸注意を実践されている方は結果が出てくるのが早いです。

　またそれがモチベーションになって、どんどんやろうという意識がご自身で芽生えて自立していける感じにもなるので、そこでも好循環を生みます。

光一　メタトロンは、そういう使い方をしていくわけですね。

山本　はい。オペレーターによってもいろいろ考え方はあると思います。でも私は、メタトロンに依存するのではなくて、あくまでも自立を促すためのツールという認識でやっています。

光一　自立志向の中で、クライアントに気づきが生まれて、自分で自分を管理していくというところのお手伝いをしているわけですね。

山本　そうです。

オペレーターは意識の勉強が必要

光一　ちなみにオペレーターの教育というのは、なされているようでなされていないのが現状のように感じます。

その点、山本さんは、光一のところで意識の世界とかをずっと勉強されてきているから、その辺の理解もあるということですかね。

山本　そうですね。メタトロンの結果に依存させてしまうようなオペレーションになってしまうと、結果から遠のくだけですから、私は常にそうならないように気をつけています。

光一　もうちょっと意識のところを勉強していただくと、オペレーターの質も上がってくるし、波動機器の有効性がもっと広がるんじゃないかと私は思っています。

「私はあなたが自立するための召使いです」

光一　ちなみに、私はセミナーなどで「私はあなたの先生ではありません。私は本当のあなたが立ち上がっていくための召使いです」と、たまに言うんですね。

山本　光一さんの〝決め台詞〟ですね。

光一　はい（笑）。それと、瞬間ヒーリングなどで話題になったこともあるので、受講生の中には、「ヒーリングしてください」とか、「助けてください」と言う方もいらっしゃるんです。

でも、そんなとき私はこう言うんです。「私は助けることはできません。あなたを助けることができるのはあなただけですから。ただし、そのご支援はいたします」と。

山本　すべては自分ですもんね。

光一　そうなんです。それと、「改善してあげる」ということで言うと、そのエネルギーは同時に「改善される」というエネルギーを量子場に生んでしまうのです。それは結果、依存にしかならない。

だからこそ、波動機器という見えない世界を扱うオペレーターは、自分の意識をどう整えてやっていくかが重要になるわけですね。

山本　はい。全部任せてしまうと、ある意味、自分もネガティブエネルギーを受けることもあるし、与えてしまうこともあると思うんです。

クリニックでオペレーターとして経験したエピソード

光一　メタトロンのオペレーターとして経験したエピソードがあったらお聞かせください。

山本　クリニックは名古屋にあるんですが、遠方から月に1回、クルマで6時間ぐらいかけて受けに来てくださっているご夫婦がいらっしゃるんですね。

奥様が重い病気のため、メタトロンで何とかできないかということで来院されます。

ちなみに旦那様は、そのついでに受けてみようかみたいな感じでした。

光一　ご夫婦でセッションを受けられている。

山本　はい。奥様は、私は明日死ぬぐらいの深刻さで、何とかしてほしいという感じでした。そこで1回目は、スキャンをしながら、どういう思いかというのを聞き出していったんです。

するると、改善してほしい、助けてほしいという気持ちと同時に、毎日の生活の中でも不安とかがいっぱい出てきているような感じでした。

自立が改善を促し、感情面にも変化をもたらす

光一　それでどうされたのですか？

山本　私としては、メタトロンで精一杯お手伝いさせていただきます、でも、まず改善するのはご自身ですよとお伝えしました。

それと、普段の生活の中でも、楽しめること、自分が前を向けるようなことを何かされてはどうですかと、提案させていただいたんですね。

奥様はそれを素直に受けとめていただけたようでした。メタトロンは感情の項目もあるので、最初は悲しみとか陰鬱（いんうつ）とかいうネガティブな感情しか出てこなかった。でも、まずはそれを素直に受けとめて、まだまだ先は長いので、楽しめることを持って元気になりましょうとお伝えしたんです。

光一　まずは受け入れる。大事です。

山本　はい。すると、その奥様は、食べ物についてもしっかり自分で吟味して毎日献立を工夫し始めるようになったんです。

光一　その後、どうなられたのでしょうか。

山本　２０２３年９月１日で７か月を経過しました。ネガティブな感情面がポジティブなものに変化して、目に見えるぐらいの改善度合いとなりました。

光一　ということは、元気になられた？

山本　はい。今は非常にお元気で、メタトロンを受けに来るのが楽しみとおっしゃってくださいます。

ご夫婦に同じことを話しても結果が変わる?!

山本　一方の旦那様のほうは、最初はつき添いみたいな軽い感じで来られていました。

興味半分で旦那様はスキャンされたのですが、エネルギー状態が低かったんです。

光一　それは大変だ。

山本　旦那様にも奥様と同じように、自分で自立してやっていくんですよという話を事細かく何度も説明させていただきました。

でも、旦那様のほうは奥様任せで、奥様に言われたままにやっている感じでした。

同時に、メタトロンを受けに来たらメタトロンが改善してくれるという意識のままだったんですね。なので、最初に来たときとほとんど変わってない結果なんです。

光一　もしかして、奥様のほうと逆転されたとか？

山本　そうなんです。今は逆転してしまって、奥様は別人のように元気になられたのに対して、旦那様は暗い感じで、いつもあそこが痛い、ここが痛いと言っています。

身体は潜在領域のあらわれ

山本　やはり、自分の中に自立の意識がないと、その場から全然出ていけないないというのは非常に感じます。意識というのは非常に大切だと思いますね。

光一　私もそう感じます。

先ほど、山本さんはオペレートして見えない領域を見える化するとおっしゃっていました。

いわゆる潜在意識がひとつの見えない箱に入っていると、改善とか上昇は難しいじゃないですか。

山本　そうですね。

光一　その辺がひとつのトピックとして、意識を変えていくことが重要だということに気づかれたということですね。

山本　ええ、本当、意識は重要ですね。

光一　一方で、身体にフォーカスしていくというのもメタトロンの特徴のひとつだと思います。

そして身体をつくっているのは意識であり、顕在意識的なことではなくて潜在意識領域のあらわれが身体と言ってもいいわけです。

身体が活性化すると潜在意識が活性化する

光一　身体を活性化するということは、潜在意識領域が活性化することにつながるわけですね。

実際、山本さんは、身体を活性化するトレーニングの後におもしろい出来事を経験したと聞いておりますけれども、お話しいただけますか。

山本　日光で光一さんのワークを受けた後に、仕事で岩手まで車で移動しなくてはいけない用事がありました。

前日からほとんど寝てなかったこともあって、実は当日は、ほとんど居眠り運転だったんです。

光一　それは危ない。ダメですねえ（笑）。

山本　居眠りしながら運転しているので、当然、左右にブレたりするし、前の車がブレーキをかけてもわからないはずなんです。

でも、車が横にずれてガードレールに当たりそうになると、身体が勝手に反応してまた車線の中央に戻っていくんですね。

光一　まさに潜在意識で運転している（笑）。

山本　自分でもすごくびっくりしたのは、眠っているときに前から大きな壁が迫ってくるのが見えたんです。

それで急ブレーキをかけました。なんと前に車が止まっていたんです。あと数センチで衝突するのを危うく免れたという体験をしました。

貴重にして危険な体験

山本　そんなこんなで、日光から岩手県までの間、ウトウトしながら運転していたんですけれども、事故を起こさなかったんです。

光一　それにしても、貴重にして危険な経験ですね（笑）。

山本　今も車を運転する機会が非常に多くて、月に3万キロぐらい走っているんです。

お恥ずかしい話、やはりウトウトしてしまうことがすごくあるんですが、そのときには決まって身体が反応してくれる。

光一　それで事故にはならない？

山本　ええ。幸いにも事故にはなっていません。妻を乗せているときにもよくウトウトしてしまうんです。

先日も居眠り中、ガードレールが迫ってくると身体が勝手に反応してブレーキをかける。妻はヒヤヒヤしていましたが、そういうことが今でもあるので、あの日光のワークのおかげかなと思いますね。

身体を通して、見えない世界を見える化する

光一　潜在意識は身体とつながっているわけです。潜在意識というのは基本的に命を守るというのが大きな役目。

ですから、身体を使って潜在意識を活性化すると、命を守る敏感性が出るというか、命を育むというか、いい方向に行くんですね。

山本　そうなんですね。

光一　はい。実は、メタトロンのオペレーターもそういうところがあるのかなと思っているんです。

気づきで、見えない世界を整えていくことで身体に反応が出る。その辺がすごく

ブレないと思うんですね。

山本　なるほど、そうですね。

光一　それで運命が変わるとか、いろんな波動機器がありますけれども、身体が変わるというのはものすごくわかりやすい。

　私たちは身体があるから認識・体験できているわけです。なので、身体を通して見えない世界を見える化するというのはとても大きいですね。

オペレーターは場をつくるリーダー

光一　お話を伺っていてとても重要だと思ったのは、場をつくっているということですね。ある面、メタトロンのセッションでは、オペレーターがリーダーなんだと思います。その辺はどうですか。

山本　そうかもしれません。オペレーター次第で方向性が決まってしまう可能性があるので、あくまでも自立をしていただくためのお手伝いとして、そういう場をつくっていく。

あとは、受けてくださる方が共鳴しやすいというか、信頼関係をその場でつくらないといけないというか。

光一　セッションはどれくらいなのですか？

山本　大体1時間のコースです。その中でクライアントがブロックする環境をつくると、共鳴していかない可能性があります。

光一　その意味では、やはりオペレーターがリーダーと言ってもいいわけですね。

見えない世界に、ラポールをかける

山本　1時間のセッションの間に、患者さんがいかに心を開いてくれるかをすごく意識しながら、フラットに持っていくということはやっています。

光一　クライアントはそれで変化したりしますか？

山本　はい。最初はつっけんどんな方もいらっしゃるんですが、不思議なことに、終わってみると本当にいい関係になっている場合が非常に多いんですね。

その信頼関係が構築できるから、また次も来てもらえるというのがあるんじゃないかと思います。

心を開いてもらって波動共鳴を起こしながら、自立を促していけるような場をつくっているので、それがリピートになっていくというところは、自分の中では気づきとしてありました。

光一　それは非常に重要だと思いますね。心理セラピストが必ず心がけているのは、いわゆるラポール形成です。
ラポールとは、見えない世界で相手の個人的潜在意識領域にブリッジをかけるわけです。オペレーターはまさにそれと同じことをやっていると思います。

「波動機器は神様」というオペレーター

光一　「波動機器さん、お願いします」、「波動機器さんは神様でございます」というオペレーターはどう思われますか。

山本　オペレーターそれぞれに考え方はあると思うんです。

またクライアントにそういう方はすごく多いですね。波動機器が何とかしてくれるという依存がある。

そういう意識の方が「波動機器は神様」という機器に依存しているオペレーターのところに行くと、悪い意味で共鳴してしまいます。でも、私はそういうやり方はしていません。

光一　すべてAIに委ねてしまうと、もしAIが暴走したときにどうなっていくのかという不安はありますね。

山本　本当、そう思います。

光一　映画の『マトリックス』とか『ターミネーター』とか、AIが人類と戦うようなSFの世界がパラレルワールドで出現するような可能性もないとは言えない。

チャットGPTのCEOが、「AIが人類を滅ぼさないとは言えない」とスピーチしているわけですからね。

山本　そうなんですか！

光一　はい、そうなんです。そんな中で、自分の身体というのは個性のあらわれで、オペレーターはそこを尊重しながら、共鳴の場をつくって気づきをもたらす。そうした視点で考えれば、とても重要なお仕事だと思います。

山本　クライアントは、状況も背景も目的とされているところも違います。なので、あくまでもその方の目的のお手伝いをしなければいけないわけですね。

またセッションには一定の組み立てがあるわけではなくて、来られた方の意識の状態とかを見ながら、こっちもそれに対応していかないといけない。

なので、その辺は難しいところではありますが、やりがいも非常にあると思います。

依存させる場か、自立促進の場か

山本　私の場合は、そういう勉強を光一さんのところでさせてもらっていて、それが今、とても活かされているので、非常にありがたいと思っています。

光一　私がお伝えしているのは、見えない世界こそ現実の土台であり、現実は身体があるから認識・体験できるということです。

前編でもご紹介した通り、この考え方をベースに置いて、見えない世界をしっかり整えていただくことは、とてもありがたいと思っています。

波動機器を扱う人たちにとって、自分の意識をどういうふうにコントロールしていくかは重要ですよね。

山本　そうですね。

光一　共鳴を起こすリーダーでもあるわけですから、どのような場をつくっていくか。依存させる場なのか、自立促進の場なのか。

見えない世界を整え、意識をさらに拡大させる

光一　ところで山本さんは、先ほど「波動機器は道具だ」と、おっしゃいましたね。

山本　ええ。単なるツールでしかないと思っています。

光一　ということは、そのツールを使って、オペレーターがどういう場をつくっていくかで、結果に違いが大きく出ると思いますね。

使い方によっては、とてもいいもので、ある意味、エネルギーワークを見える化するみたいなところがありますね。

山本　ええ。でも使い方によっては悪い方向にも行ってしまう危険性もはらんでいます。

光一　確かに。私もある人たちからは人間波動機器と言われているんです（笑）。

セミナーでも、個人セッションでも、自分の意識領域をしっかり整えることは常に心がけています。アカデミーの根本的考え方がそこですから。

山本　その辺は、私も光一さんから学ばせていただきました。

光一　ですよね。そうすると、もっともっと意識が広がって、メタトロン・オペレーターとしての山本さんがひとつのブランドになっていく可能性もありますね。

山本　そこはあまり意識してはいないんですけれども、ご縁があって来られる方の自立を促していけるようなオペレーションをしていけたらいいなとは思っています。

光一　そうすると、本来、こういうことをやったら楽しいなとか、やりたいなと思うことがセッションを通してあらわれたりしそうですね。

山本　実際、そういう方もいらっしゃるので、そのお手伝いができたらいいなと思っています。

輪王寺がつないだ不思議なご縁

光一　山本さんが日光・輪王寺の合宿に来ていただいたときに、「光一のお手伝いをしたい」ということがご自身の目標の中に入っていたんですよね。それからの不思議なご縁で。

山本　光一さんのエネルギーが乗っかるように、紙に書いて光一さんの本の上に置いたんです。

ただ、それを見続けると執着になってしまうので、1回書いて置いて、その後、忘れるというか、そのままにしておきました。

そうしたら、たまたまそういう流れが来たわけで、正直な話、ちょっとびっくりした出来事でした。

光一　それも大切なことですよ。潜在意識に一度入れたら、委ねる。まさにおっしゃる通りで、光一の考え方をよく勉強していただいています。

だからこそ、オペレーターとしてフラットな状態でやれるのでしょうね。

波動機器を通して、この世の〝からくり〟を知る

光一　さてここまでを少し振り返ると、メタトロンという波動機器のオペレーターをやることで、潜在意識領域のエネルギーがこの世界の土台だということに、より気づかれたということですね。

山本　そうですね。

光一　そして、オペレーターは、集合の場をつくり、その場自体を参加している人が支援するような動きをする。

山本　はい。そして同時に自身のエゴだったりをなるべく入れずに、フラットでい

ることを意識します。

光一　それと、クライアントさんの自立を高める。それは恐らく一人ひとりの個性を尊重してあげるということかなと思います。

山本さんのようなオペレーターがどんどん出てくると、私がアカデミーなどでやってきた、人それぞれを尊重して、みんながどんどん高まって世界が変わっていくというところに行けるかもしれないですね。

山本　頑張ります（笑）。

意識の持ち方と場のセッティングの仕方

光一　先ほど、気づきを得る人たちがいっぱい出てくればいいというお話をされました。そういう方々がどんどん出てくるのは楽しいですね。

山本　本当に楽しいですね。だから、こういう機会を与えてくださった光一さんには本当に感謝しています。

光一　私も嬉しいです。楽しいエネルギーというのは回るじゃないですか。だから、改善してくれ、改善してくれと、自分で箱に入ってしまうのはもったいないですよね。

山本　それは依存しか生みませんから。

光一　そうです。そこを崩してあげるのが、オペレーターの意識の持ち方と、見えない場のセッティングだと思います。

今にして思えば、それも見えない世界のあらわれ

光一　またこれで世界に対する貢献度が上がるんじゃないですか。

山本　そこはそんなに意識しているわけではないです（笑）。でも、自分でお手伝いできることを、その場でやらせていただくというのが積み重なっていけばいいなと思っています。

光一　やはり意識ですよね。山本さんはアカデミーの事務局長としても人気があり

ますからね。

山本　ありがとうございます。

光一　トライアルでメタトロンのオペレーター教育をやったときも人気者でしたよ。

山本　あのときは教育していただいて、すぐにクリニックで実践という流れでした。そういう機会を与えていただけたのは、すごくありがたかったですね。意識の中で、どこかでできたらいいなというのはあったんです。ただ、あまりそこにこだわらずに。

光一　そうしたら、そういう流れが来たわけですね。

山本　そうです。結局、そこも見えない世界のあらわれだったのだと、今にして思います。

オペレーターは自分の意識が大切

山本　結局、何もかも自分がつくっているというところですね。クリニックを卒業したのも次のステップだったのかなと、自分の中では受けとめています。

光一　なるほど。

山本　また次のところでお手伝いをしながら、自分もステップアップしていけたらいいかなと思っています。

光一　今回インタビューさせていただいたのは、山本さんには意識の世界をご体験いただいていますし、いろいろな結果も出しています。

ですから、波動機器オペレーターの人たちに、自分の意識がすごく大切なんだよというメッセージになればいいかなと思ったんです。

山本　ありがとうございます。

光一　どんな機種であろうと、オペレーターの意識によって結果が変わってくる。そう思ったものですから、波動機器を持たれている方は、もっといい効果を出せるように意識を勉強していく。

今回の書籍を通じて、そういうことができるといいなと思っています。

おわりに——人は潜在意識領域にある エネルギーパターンのプログラムで動いている

最後まで読んでいただき、ありがとうございます。この書籍の締めは、「人は目覚めていない」という仮説があることについてお話ししたいと思います。

その前にまず、この書籍の出版に当たり、いろいろとご尽力くださったヒカルランドの石井健資社長に感謝申し上げます。また企画を進行していただいた編集担当の熊谷智明さんにも感謝しております。

さらに私のアカデミーのメンバーの皆さんや、セミナーにお越しくださった受講者の方々のおかげでこの書籍はできたと思っております。本当に心から感謝の気持ちで一杯です。

そして私に関わってくださった皆さまが、ますます成長されて次のステージに行っていただけることを心からお喜びいたします。

「人は目覚めていない」とする説は、「人はプログラムで動いている」という考えが前提にあると言われています。

そしてそれは、「人は精度の高いロボットと同じ」ということを暗に示していています。

では、そのプログラムはどこにあり、誰が書いたものなのか――。

この書籍を読んだあなたなら、きっとその答えがわかったはずです。答えは、潜在意識領域にあるエネルギーパターンにあります。

そう、このエネルギーパターンこそがプログラムの正体なのです。

実は、私がそれに気づいたのは、3歳のときでした。3歳のある日、自分の周りを見ていた私はふと思いました。

「何で私が見ている人々は生き生きしていなくて、ロボットみたいなんだろう」、「何のためにこの人たちは生きているんだろう」

そんな考えが頭をよぎりました。おそらくそれがこの世界を私が認識したオリジンの記憶です。

私には周りの人たちが、何かのプログラムに従って動かされているように見えたんですね。

でも、そのとき同時に「そんなことを考えていると親が知ったら、『この子は大丈夫？』と絶対に思われるに違いない」とも思いました。

幼かった私は、それはいけないことだと思って、私は子どもなんだから、そんなことを考えないで子どもらしく生きようと、直感的に決めたんです。

だから、その後、ずっとそのことは思い出さず、記憶の奥深くにしまっていました。

私の人生は、つらいことの連続でした。そして、つらいことがあると、「自分は何で生きているんだろう」と、自己追求するクセがつきます。

そうした自己追求を重ねるうちに、大人になったある日、「そう言えば、子どもの頃にそんなことがあったな」と、3歳の記憶を思い出しました。

当時の私は、ちょうどエネルギーを使えるようになっていた頃です。根っからの自己追求型ですから、能力もすごくついてきたときでした。でもその能力を司るエネルギーがどこからくるのか、当時はまだ明確にわからなかったのです。

そのタイミングで、3歳の頃の記憶がよみがえり、同時にあるメッセージに気づきました。

「潜在意識こそがこの世の土台である」

まさに私が本書でお伝えした、この世の〝からくり〟が見えた瞬間です。

誤解を恐れずに言えば、潜在意識も無意識も量子場も、ほぼ同じものを指す言葉と言っていいでしょう。そして、これらはすべてエネルギーから成り立ちます。

さらにそのエネルギーは個人的なエネルギーフィールド（＝量子場）や、集団的なエネルギーフィールドを形成します。

そしてその中には様々なエネルギーパターンがあります。私たちは、このエネルギーパターンによって動いているのです。

そう悟ったとき、人生はもっとよくできると、目の前の霞がパッと晴れたような気持ちでした。

当時の私は、自分の能力で個人セッションを行って、その人をサポートするお手伝いをしていました。とはいえ、自分一人でサポートするには限界があります。そこで、自分で潜在意識を整えるテクニックをつくったほうが誰もが成長できるし、みんなが幸せになれば世界が幸せになると思い、第2章でご紹介したセルフ編集テクニック「ワンライトメソッド®」を開発しました。

詳しくは、私の著作でご紹介しているテクニックもありますので、そちらをご覧いただけたら嬉しく思います。

ちなみにセルフ編集テクニックの公開後は、その技術をより深く学びたい方のためにセミナーも開催しています。

さらに、もっと早く成長したい方や他者のサポートをしたい方向けには、これまで何度もお話ししてきたアカデミーがあります。ここでは、私の能力を伝授して早く成長するサポートをしています。

こうした場から一人ひとりが成長することで、見えない量子場もどんどん成長することになります。

ただし、それがどんな場でも、考え方を理解した上でテクニックを使うのと、テクニックのみを行うのでは効果が大きく変わってきます。

なので、本書の前編では「考え方＝からくり」をお伝えし、後編には、その考え方を基にテクニックを使い結果を出している方々の実例をまとめました。

私は、潜在意識にあるエネルギーパターンを整えるということは、自分本来の生き方をするためのエネルギーパターンに変換することだと思っています。

一言で言うなら、それは自分軸を生きる生き方です。私は、それにより人は本質的に目覚めることができると思っています。

その輪が少しでも広がりますように。そして、本書がその輪をつくるひとつのきっかけとなったら、こんなに嬉しいことはありません。

光一（Kouichi）

これまでに数多くのスピリチュアルワークを習得。10代の頃から古今東西の占術、心理学、哲学、宗教、秘教、量子論など探究心の赴くまま広く深く学び取った引き出しの多さは圧巻。その集大成として一人ひとりが自らを整え潜在意識をデザインするためのセルフテクニックを多数開発する。それらのセルフテクニック「ワンライトメソッド®」は多くの人々の人生を変容させるサポートとなっている。

ワークショップ、セミナー、個人セッション、経営者向けビジネスコンサルティングなどのほか、主宰する『エンライトアンバサダーアカデミー®』を通じ、人々の気づきを促す活動を精力的に展開中。

一方、ビジネスの世界においては、20代の頃からトップセールスマンとして活躍し、何度かのリストラと転職を経て、同業界の大手5社を渡り歩く。うち1社では入社後まもなく最年少役員に抜擢される。フリーランスの経営コンサルタントとしても実績を上げ、社会人としても影響力のある地位を築いた。

人生のモットーは、「いつでも笑いながら、明るく楽しく」。現実世界に生かせないスピリチュアルの教えは意味がないとして、両者をうまく融合しながら、幸せで豊かに生きる「スピリチュアル実用主義」を提案している。

東久邇宮文化褒賞、東久邇宮記念賞、東久邇宮平和賞を受賞。

著書に『ディヴァインコード・アクティベーション』『きめればすべてうまくいく』『すべてはあなた』（ナチュラルスピリット）、『超越易経 nahohiharu』『エネルギー経営術』『パラレッタ！』『エンライトメント・サイバネティクス』（ヒカルランド）、『祝福人生創造ブック』（ビオ・マガジン）などがある。

光一公式 HP　https://www.nahohi.info

【今ここで未来をつくる】究極の光一理論
量子場で紐解く！　この世と人生の〝からくり〟のすべて

第一刷　2024年12月31日

著者　光一

発行人　石井健資

発行所　株式会社ヒカルランド
〒162-0821　東京都新宿区津久戸町3-11　TH1ビル6F
電話　03-6265-0852　ファックス　03-6265-0853
http://www.hikaruland.co.jp　info@hikaruland.co.jp

振替　00180-8-496587

本文・カバー・製本　中央精版印刷株式会社

DTP　株式会社キャップス

編集担当　熊谷智明

ISBN978-4-86742-442-1

セミナーでは、著作に登場する「人生のからくり」について、光一さんがエネルギー場の状態を調整しながらリアルにレクチャーしてくれます。エネルギー場での「人生のからくり」を調整するパワーはかなり凄まじい威力があること間違いなし！

さらにレクチャーによって場が整ったところで、2025年のネガティブエネルギーを先取りしポジティブに変換し宇宙に響かせる『オールレベル・なほひひびき』を提供する予定。これだけでも十分元が取れる内容ですが、今回は新年のお年玉として、光一さんからマル秘のプレゼントもあるようです（こちらもかなりレアなアイテムをプレゼントしてくれるそうで、このアイテムだけで数万円の価値あり?!）。

とにかく、１日で自己変容が加速的にセットアップする、今回限りの出血大サービスのセミナー、皆さま揮ってご参加ください!!

日時 **2025年 2月11日（火・祝） 13：00～17：30**

場所 イッテル本屋

料金 **33,000円**（税込）

定員 60 名

イッテル本屋
JR 飯田橋駅東口または地下鉄 C1出口（徒歩10分弱）
住所：東京都新宿区津久戸町3－11 飯田橋 TH1ビル 7F
TEL：03－5225－2671（平日11時－17時）
E-mail：info@hikarulandpark.jp　URL：https://hikarulandpark.jp/
Twitter アカウント：@hikarulandpark
ホームページからも予約＆購入できます。

神楽坂♥(ハート)散歩
ヒカルランドパーク

光一 present's

「量子場で紐解く！
この世の人生の“からくり”のすべて」
発刊記念

新春
「自己変容アクセラレーション」
セミナー開催‼

このたび、光一さんの「量子場で紐解く！ この世の人生の“からくり”のすべて」の発刊を記念して、新春セミナーを開催することになりました！ 開催日は、2025年2月11日（火）の祝日です。

出版記念セミナーのテーマは、ずばり「自己変容アクセラレーション」。アクセラレーションとは、日本語で、「高速化」という意味です。光一さんの新刊を読んで願望が実現する“からくり”を理解したあなたの自己変容を、文字通り“高速化”させるセミナーです。

ヒカルランド　好評既刊！

地上の星☆ヒカルランド　銀河より届く愛と叡智の宅配便

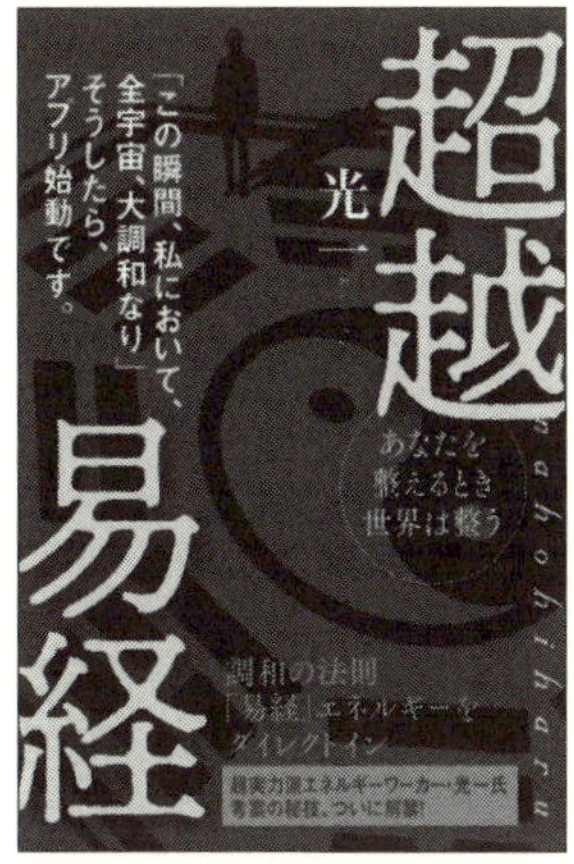

あなたを整えるとき世界は整う
超越易経 nahohiharu
著者：光一
四六ソフト　本体 1,815円+税

成功が向こうからやってくる
エネルギー経営術
Energy Management
光一 著
Kouichi
マネジメントはエネルギーレベルから始める時代
超凄腕のエネルギーワーカー光一
宇宙力を発動させる絶対法則を説く
驚くほど結果がでる
繁栄のサイクルを自ら呼び込む超真理！

エネルギー経営術
著者：光一
四六ハード　本体 2,200円+税

パラレッタ！
世界線（並行現実）を乗り換えるUFO
著者：光一
四六ソフト　本体 2,000円+税

エンライトメント・サイバネティクス
いきなりゴール！　超強運へのパラレル JUMP
著者：光一
四六ソフト　本体 1,800円+税